镜子、父亲、女人与疯子

拉康的精神分析世界

王润晨曦
张　涛
陈劲骁
著

／ 心理学大师
解读系列

北京联合出版公司
Beijing United Publishing Co.,Ltd.

1967年10月,雅克·拉康在巴黎公寓内,这个时候的他已经是法国最具影响力的精神分析家。就在前一年,《拉康文集》的出版为他带来了极大的声誉,学术界从此把他奉为结构主义的四巨头之一,与米歇尔·福柯等人的名字并置在一起。

不过对于当今的法国精神分析家来说,那是他们的思想开始启蒙的时代,也是他们在拉康教学的启发下踏上新的征程的时代。

多年以后,阿根廷裔分析家艾斯黛拉·索拉诺回忆起她当年不远万里来到巴黎与拉康会见的情景:他已经是一个老人了,不知道会活多久,虽然我知道不该当着他面这么说,但重点是我对他说他的作品将是不朽的。

Catalogue
目 录

导 言 / 001

四个圆环 / 003

三条岔路 / 010

十个词的小词典 / 017

第一章 异化的镜子 / 029

自恋与镜像 / 031

两种镜子 / 049

破碎的镜像 / 066

镜像的爱与侵凌 / 083

镜像的误认 / 101

第二章　法则的父亲 / 115

弑父的神话 / 118

除权的父名 / 126

强迫的逻辑 / 136

滑动的能指 / 143

发疯的机器 / 148

第三章　痛快的女人 / 151

真正的女人 / 155

女人和母亲 / 161

"不可阻挡"的女人 / 174

实在的女人 / 183

没有身体的女人 / 203

另一个女人和男"工具人" / 213

第四章　正常的疯子 / 227

三界的拓扑 / 230

圣状的逻辑 / 236

疯狂的书写 / 243

庸俗的爱情 / 252

结论的时刻 / 262

导 言

Introduction

四个圆环

本书的创作是一次通俗化讲解拉康精神分析理论的尝试。这里引出了两个问题：谁是拉康？为什么要通俗化？

第一个问题既容易回答又不容易回答。我们可以说，雅克·拉康（Jacques Lacan，1901—1981）是20世纪法国最伟大的精神分析家。他1932年从巴黎大学医学院博士毕业，成为精神科医生，同时开始了跟随鲁道夫·勒文斯坦（Rudolph Loewenstein）[①]长达6年的个人分析。1934年，他加入隶属于国际精神分析协会（IPA）的巴黎精神分析协会（Société Psychanalytique de Paris），1938年成为巴黎精神分析协会的正式会员。随后，他高举"回到弗洛伊德"的大旗，反对当时主流的自我心理学和客体关系学派，这两个学派被他认为是对弗洛伊德关于无意识的教义的背离。他从1953年开始每年定期举办讨论班，通常是每两周一次，虽然中途历经过几个不

[①] 鲁道夫·勒文斯坦（1898—1976），波兰裔精神分析家。1925年起定居巴黎，成为在法国最早实践精神分析的人之一，法国前两代精神分析家中，多数人都接受过他的分析。1926年，他和玛丽·波拿巴（Princess Marie Bonaparte）等人一道创建了巴黎精神分析协会。1942年前往美国，后来成为精神分析中自我心理学流派的创始人之一。

同的场地，但这一教学活动一直持续到他逝世。1960年，他与国际精神分析协会决裂，1964年因此不得已创立了自己的协会，也就是著名的巴黎弗洛伊德学派（École Freudienne de Paris）。1966年，《拉康文集》（Écrits）的出版为他获得了巨大的声誉，他也一跃成为"二战"后法国最有影响力的精神分析家。

以上这些是可以在任何有关拉康的介绍性书籍中查到的信息[①]，但是它们还并不足以构成我们对这个人感兴趣的理由。因为，除非我们身处当时的环境或者了解这些理论层面的争议，否则这些信息无法引起任何来自我们心中的共鸣。

拉康又是一个相当有争议的人物，有人认为他是弗洛伊德以后最伟大的精神分析家，是他延续了精神分析实践的生命，如果没有他的出现，精神分析至少在法国可能会走向衰败的命运；也有人认为，他不过是一个装腔作势的江湖骗子，人们在他的讨论班上说着一些大家都不理解的内容，而不理解一些理论从不意味着我们不可以把它说得头头是道；有人赞扬他的勇气和真诚，因为他粉碎了精神分析理论中存在的虚伪的、理想化的窠臼；也有人批评他固执、鲁莽和不负责任，认为他创造的"短时会谈"（séance courte）玷污了精神分析有史以来的正统实践。我们说，他从来都是一个不容易对付的人，无法被轻易归类，对代表社会主流意见的

---

① 对拉康的生平感兴趣的读者可以参阅：卢迪内斯库. 拉康传 [M]. 王晨阳, 译. 北京：北京联合出版有限公司, 2020.
Jaudel N. La Légende noire de Jacques Lacan [M]. Paris: Navarin, 2014.

心理学外行来说，他既无法让人心甘情愿地称赞，又很难让人毫不留情地痛斥。对此，他的高中班主任在他的成绩单上写道："雅克（拉康）很聪明，但是他很古怪；此外，他的工作不同常规，我们抱怨他的手法有点走在了规定之外。"[1]

对他感兴趣的人，是出于完全不同的原因。有的人对他在精神分析理论和临床上的洞见感兴趣；有的人对他具有强烈个人特色的说话方式和背后存在的有趣灵魂感兴趣；有的人是参加了他在巴黎高师（École Normale Supérieure）的讨论班后，一发不可收拾地拜入其门下；有的人是上了他的躺椅之后，因为这种临床的神奇效果而深受震撼；精神科医生们钟爱参加他在医院举办的临床演示[2]；迷茫彷徨的年轻人们则寄希望于跟随他进行一段分析后，开启自己新的人生道路；遭了灾的女子希望跟他分享内在体验，而这些分享，她们从别人那里是得不到回应的；读了他《拉康文集》的人则不远万里从阿根廷或者中国飞到巴黎，渴望从他身上觅得精神分析的真理。

来自不同角度的对他的兴趣——或者说是移情（transfert）——的多元性，印证了那句老话："一千个人心中有一千个哈姆雷

---

[1] Miller J A, Alberti C. Ornicar ? Lacan Redivivus [M]. Paris: Navarin, 2021: 147. 后续如无特别说明，引文均由本书作者翻译。

[2] 临床演示：一种承接自精神病学传统的在医院进行的演示活动，愿意接受邀请的病人当众和精神分析家进行对话。观众由医院实习生和心理学专业的学生组成。值得注意的是，很多病人非常愿意在专业群体面前，而不是某个人面前，分享和谈论自己的经历。

特。"并且我们认为,这句话在他身上的效果更加突出。他的例子鲜明地展示出,人们可以因为完全不同的原因对同一个人产生兴趣,并把他安插到各自生命的故事中的不同位置上,至于那些完全在心理学(psy)领域之外工作的人更是如此,他们直接或间接受他的理论或临床影响,包括数学家、哲学家、人类学家、语言学家、艺术家、导演、作家等等。这使得我们看到两个有趣的现象,一个是在出版物中,经常会出现以"不同的人对拉康的印象"为主题编写的合集[1];另一个是精神分析的跨学科性,这一点是拉康理论对不同学科的借鉴以及反过来对它们的启发所导致的。所以我们可以看到大量类似"拉康与海德格尔(Heidegger)[2]""拉康与克尔恺郭尔(Kierkegaard)[3]""拉康与文学""拉康与女性主义"的专题研究或论文,甚至在有的学校,精神分析专业就被叫作"精神分析与跨学科研究"。

那么,对这样一个庞然大物——由拉康的教学、实践和著述辐射扩展而成的广大网络,我们如何能够在这样一本10万字左右的小册子里进行解读呢?我们说,我们放弃了这个目标。在这里对拉康

---

[1] 例如,2018年出版的《给拉康的信》(*Lettres à Lacan*)收集了众多分析家和作家写给拉康的幽灵的信,2021年出版的《奥尔尼卡?拉康复生》(*Ornicar ? Lacan Redivivus*)中则汇集了拉康的家人和来访者对他的印象。
Laufer L. Lettres à Lacan [M]. Vincennes: Editions Thierry Marchaisse, 2018.
Miller J A, Alberti C. Ornicar? Lacan Redivivus [M]. Paris: Navarin, 2021.
[2] 马丁·海德格尔(1889—1976),20世纪最重要的德国哲学家之一。
[3] 索伦·奥贝·克尔恺郭尔(1813—1855),丹麦哲学家、神学家、作家,一般被认为是存在主义的奠基人。

的著作进行整体化的解读是不可能的，它们由26年的《讨论班》、两本著作集和其他一些文献构成，我们甚至无法单单讲解其中一年的《讨论班》，因为这种讲解只能针对专业的人群，或者只能抵达非常肤浅的程度；我们同样无法厘清拉康的教学对精神分析实践的贡献，遑论对其他人文科学的贡献——今天，这种贡献正在不断发酵，众多精神分析领域诞生的新的论述要么是从他的思路继承发展而来，要么通过反对他而获得一种新的理论表述的价值。针对不同的、具体的理论，人们要在两个立场上选择其一，但绕不开的，是拉康卓越的贡献。

但是这不意味着我们无法走在解读他的道路上，而这种解读因为两个原因，可以变得更加富有意义。

第一个原因是拉康著作众所周知的晦涩，作为一个个人生活和理论实践紧密相连的思想家，他的写作渗透着一种"巴洛克式"的风格，其特点是大量的长难句使得理解每一句话都构成一种挑战，而整体拼凑起来就变得更加不知其所云。这里面有他故意为之的因素——一来避免读者滥用精神分析的理论，二来是促使读者在他用文字浇筑的迷宫中发现自己的道路。同时，拉康会根据他写作时针对的对象，调整自己的写作风格，这方面最显著的例子是他关于詹姆斯·乔伊斯（James Joyce）[①]的文章。在这篇文章中，他像乔伊斯一样构造了不少新词，使之成为他最艰深晦涩的文章之一。

---

① 詹姆斯·乔伊斯（1882—1941），爱尔兰作家和诗人，第四章会有对他详细的介绍。

这个原因使得对于那些无法直接阅读他的《讨论班》的读者来说，阅读通俗化的理论讲解，是了解其思想不可或缺的一步。

第二个原因我们认为更加重要，即拉康构造的精神分析理论的魅力——传递这种魅力恰恰构成了本书写作的目标。这种魅力超越了单纯的精神分析的临床实践范畴，这也是为什么他的理论往往相比其他的精神分析家更容易和不同的人文学科产生关联、互相影响。自弗洛伊德发明精神分析起，精神分析理论就开始渗入其他的人文科学领域，甚至是社会生活的各个角落。人们对精神分析理论感兴趣，并不一定是为了成为分析家或者更好地进行临床工作。这一点和科学心理学有相当大的差异，非专业人士也可能想了解心理学的知识，比如为了更好地调整自己的心态和情绪，但这个过程容易停留在浅尝辄止的阶段，人们往往在实验或者统计心理学前停下自己探索的步伐。在这个时候，我们需要一些更大胆的论述，突破严格的实证科学的方法带来的种种束缚，前方正是一整片精神分析理论的开阔地。科学只有一个目标，就是去知道，它不会考虑欲望、负罪感和享乐（jouissance）。对此，拉康说道："科学会对所谓的人性造成一种不可呼吸的效果。"而精神分析相比科学的话语，处在例外的位置，它具有一种"人工肺的功能"[1]。相比科学普遍化的尝试，精神分析的伦理学强调个体差异和每个人的独特性，这方面极端的例子是对于一些严重的

---

[1] Lacan J. Déclaration à France-Culture [J]. Le Coq-héron, 1974（46—47）: 7.

精神病患者，有些分析家会主张针对每一个主体发明一种适合他的诊断，而不是将他对应到某个现有的诊断中。

本书共分为四个章节，分别以镜子、父亲、女人和疯子作为讨论的主题。同时，这四个主题分别呼应拉康的想象界、符号界、实在界和症状界，四界共同构成了一个波罗米结（nœud borroméen）[1]的四个圆环。这样做是为了避免以按部就班的方式介绍拉康的理论。我们不想复述太多其他书籍中已经讨论过的内容，也不想将精神分析停留在理论和临床的二分之间。我们希望能够传递一些有趣的东西，因为拉康教学的魅力很重要的一部分，即为阅读他的乐趣：刚接触他的读者可能单纯是因为被他的概念或者论述吸引，比如欲望、享乐、父之名（Nom du Père）、对象a，或者他所谓的"女人不存在""真理是享乐的小妹妹"等；更进一步的读者可能会发现他的思维方式的独特之处，被他的真诚和勇气所打动，为他在真相面前从不畏缩的态度折服。因此，从他的教学中提炼出一套严谨的教条化理论，会带来失去阅读他的乐趣的风险，这是我们在这本书的写作中试图避免的。本书针对的对象是任何对拉康的精神分析感兴趣的读者，包括完全不了解精神分析的人。但我们相信，专业的心理领域工作人员或者对拉康有一定了解的读者，也能在阅读本书的过程中有所收获。这是一个相当艰巨的任务，我们期望在这里交出了一份令大家满意的答卷。

---

[1] 波罗米结：扭结在一起的四个圆环，分开任何一个圆环都会导致整体的分开。详见第四章第二节"圣状的逻辑"。

三条岔路

熟悉拉康《讨论班》的朋友可能看得出，导言的第一个标题"四个圆环"是对拉康出版的第一本《讨论班》的标题"精神分析的四个基本概念"（*Le Séminaire Livre XI：Les quatre concepts fondamentaux de la psychanalyse*，1973年）的致敬。"四个圆环"分别由三位作者完成，其中张涛负责编写第一章"异化的镜子"，陈劲骁负责第二章"法则的父亲"和第四章"正常的疯子"，王润晨曦负责第三章"痛快的女人"。由于对拉康著述兴趣上的差异，更准确地说是拉康在我们各自心中位置的差异，我们在通俗化的过程中开辟出了三条岔路。

张涛更加关注精神病理学的内容，所以他在论述自我和镜子的关系时，每一步都会援引丰富的临床材料，并对大量和镜像关系有关的概念做了细致的区分。这种学术层面的区分，是我们得以精确定位病理学原因的前提。同时，他也试图通过列举电影中的例子来增进学术内容的趣味性，使得精神分析在临床之外关联了流行文化的领域。陈劲骁的视角非常恢弘，他从思想史和认识论的角度对拉康的有关父之名的问题进行了批判，着重强调了不同的和父之名的关系造成了主体精神结构上的差异。如果说他在第二章重点着墨于有关精神结构的叙述的话，在第四章，他则借用拉康晚期关于"圣状"（sinthome）的理论，将对精神结构的划分，重新统合在一个新的视角之下。值得一提的是，他不只是参考拉康的有关叙述，以《精神障碍诊断与统计手册》（DSM）[①]为代表的精神病学的历史发展，同样也在他的视野之中。最后，他追溯法国当下精神分析理论发展的前沿，对雅克-阿兰·米勒（Jacques-Alain Miller）[②]提出的"日常精神病"（psychose ordinaire）的概念进行了讨论。相比张涛学术上的严谨和陈劲骁的才华横溢，王润晨曦的部分更加重视经验的维度，试图在理论和经验之间不断地游移和穿插。它们包括生活中的经验、临床上的经验以及文学的经验。他期望通过回溯这些经验，展现拉康的理论或者他独特的思考方式对每个人可能带来的启发。

下面我们简要介绍每一章的大致内容，为读者提供一个导引，期望帮助读者不至于徘徊于岔路时迷失方向。

第一章"异化的镜子"主要处理与镜子阶段有关的理论问题，它对应的是拉康的思想发展历程中早期的内容。这一阶段，拉康的代表作品是1949年在苏黎世举办的国际精神分析会议上的发言

---

① 《精神障碍诊断与统计手册》（*The Diagnostic and Statistical Manual of Mental Disorders*）：由美国精神医学学会制定的号称权威的精神障碍诊断与统计手册。

② 雅克-阿兰·米勒（1944—　），法国著名精神分析家。他同时是拉康的女婿和拉康《讨论班》的编辑。

《助成"我"的功能形成的镜子阶段——精神分析经验所揭示的一个阶段》(*Le stade du miroir comme formateur de la fonction du Je*)。镜子阶段的理论认为，婴幼儿的自我的形成过程在于将镜子中的形象辨认为自身形象，它一般发生在婴幼儿6~18个月大的时候。婴幼儿借由这种外在的形象，完成对自身内在的整合，而此时婴幼儿尚未具备对身体的充分掌控能力，身体尚处于不协调的发展阶段。理解这一理论的困难在于，它主要脱胎于拉康与精神病人的工作经验。在一些精神病人身上，"自我"的机构（instance）并未得到充分的发展，以至于在自我和外界之间并没有确立不容置疑的边界，其表现结果是，处于发作状态的精神病主体认为他人取代了自己，比如夺取了本该属于自己的东西，由此发展出他人对自己进行迫害的妄想。正是基于临床中遇到的这类现象，拉康发展出了每个人都会经历镜子阶段这一理论，并将病理学问题定位在这一阶段之上。

拉康在建构这一理论时，同样参考了对婴幼儿观察的经验。这方面最具代表性的事实是在婴幼儿身上常见的互易现象：一个小孩打了另一个小孩，但却说是另一个小孩打了他。这不是因为他在说谎，而是他尚不能对自己和他人进行区分，所以他看到另一个孩子受到了伤害，以为是自己受到了伤害。

虽然拉康这一理论的提出主要是基于临床经验以及对婴幼儿的观察，但是由镜子阶段衍生出的镜像关系，却是生活中常见的现象，同时也是文学、电影、神话的题材。婴幼儿看到镜子中的自己，一方面感到欢欣雀跃，因为发现自己有一个完整的身体形象，他认同这一形象，将之视为是自己的；但另一方面，镜像关系也孕育着你死我活的侵凌性，它意味着主体自身形象的构建要通过援引他者的形象来获得，而位于我们正对面的形象经常会"不顺眼地"提醒着我们自身的惭愧之处，或者"太顺眼"以致威胁到我们自身存在的独立性，由此导致的是主体为争夺自身形象的所有权进行殊死的斗争。

如果说第一章的内容是基于拉康最初的贡献，那么我们在第二章看到的就是精神分析理论的核心内容——俄狄浦斯情结和阉割情结，以及它们对主体发展的影响。相比第一章对镜子阶段的三个时刻引发的精神病理学的叙述，第二章回应的是精神结构的诊断的问题。结构意味着同样一种精神病理学现象，可以完全出自不同的精神结构，这使得精神分析的诊断有别于精神病学的诊断，因为后者更多是从疾病现象的角度做出的分类。

弗洛伊德经典的诊断划分是神经症（névrose）、精神病（psychose）和性倒错（perversion）[①]。对于性倒错是否构成一种独立的结构，近年来分析家群体中愈发有争议，倒是孤独症（autiste）逐渐被认可是一种与精神病不同的、独特的结构。

抛开争议的部分不谈，我们看到，核心的划分出现在神经症和精神病之间。弗洛伊德虽然也会讨论到精神病主体的问题，但是他理论的建构主要是基于与神经症患者的工作经验。相反，拉康的卓越贡献之一就在于对精神病的问题的分析。我们说，这与他首先作为精神科医生的工作经验高度相关，因此，他继承了许多来自精神病学家的理论和临床遗产。

正是认识了精神病人，我们才认识到神经症或者正常人的情况。进一步说，我们发现在精神病人那里缺少一个东西，而在神经症这里，这个东西或多或少是稳定的。这个东西的缺少造成的结果，用拉康的话来说就是："在对生命的感受最内在的接合处

[①] 从精神病学或精神分析史的角度追溯这三个概念的发展，将会是一个极为浩大的工程。我们在这里满足于直接给出拉康中后期的结论。虽然三个概念听起来都不像是好词，但其实它们只是中性地在临床讨论中出现的对来访者的诊断。拉康认为，所有的"正常"人都是神经症，而精神病则是相对特殊的一类群体，他们和语言具有一种不同的关系，这使得他们往往更加自由。虽然精神病这个词会让人联想到"疯人"（fou），但他们中的确出现了大量才华横溢的个体，不只是包括作家、画家、诗人等这些我们习惯性地认为和疯狂走得更近的人，也包括数学家、科学家、政治家、法官等。简而言之，一个人是精神分析意义上的神经症还是精神病结构，完全不影响他们从事任何职业或者扮演生活中的任何角色。在这一点上，精神分析的诊断与我们常识中精神病学的诊断，具有完全不同的意义。

引发的紊乱。"[1]这种紊乱影响了我们感受周遭环境的方式、感受身体的方式,以及对待脑海中想法的方式。理论上说,精神病人的父之名是被除权(forclusion)了的,这是陈劲骁在第二章第二节详细讨论的内容。由此,我们会看到精神病主体和神经症主体的差异被定位在他们和语言的关系上。

第三章,我们从病理学和诊断的问题过渡到生活的奥秘,更确切地说是女性的奥秘。我们试着在这里讨论拉康的精神分析理论对女人说了些什么,他如何看待真正的女人(vraie femme),而真正的女人和母亲又有什么不同。同时因为女性比男性更加具备神秘的维度,所以我们将她们和精神分析论述的实在[2]相关联。这种关联同样基于拉康的一个论述:"女人更加真实、更加实在。"[3]最后,我们借助杜拉斯(Marguerite Duras)[4]的作品《劳儿之劫》(*Le Ravissement De Lol V. Stein*,1964年),试图讨论女人的爱和创伤的问题。

第四章讲述拉康对自己前期理论的颠覆和超越:他在精神病的问题上做出了新的贡献,借助作家乔伊斯的例子,他提出了精神病人的增补的问题。想象、符号、实在组成的三个圆环,需要

---

[1] Lacan J. D'une question préliminaire à tout traitement possible de la psychose [M]//Écrits. Paris: Seuil, 1966: 558.
[2] 关于"实在"的含义,可见本书第186页的详叙。
[3] Lacan J. Le Séminaire Livre Ⅹ: L'angoìsse [M]. Paris: Seuil, 2004: 213.
[4] 玛格丽特·杜拉斯(1914—1996),法国作家、剧作家、编剧、实验电影导演。

另外一个圆环将它们扭结在一起，曾经"无所不能"地保障了大他者的意义的父之名，现在看来不过是扭结它们的可能性之一。从此，精神病人和神经症的边界虽然依然稳固，但是已经不再像过去那么理所当然，米勒提出的"日常精神病"，成为探索这一地带的一个新的尝试。

如果说"圣状"在精神分析的理论中是扭结三个圆环的第四环，那么扭结我们三条通往通俗化的岔路的，则是编辑宣佳丽。她是我们三个人之外的第四个人，"威胁"着我们每一个人，"扬言"要对手稿进行严格的审查，"强迫"我们改写任何模糊不清的内容。但正是她的努力，维持了我们每个人在这本书中体面的存在。我们说，她无愧于"圣状"一词，既是我们每个人的症状，她同时又是最好的读者，看着她整页整页的批注，仿佛看到了流浪的提着易碎灯笼的孩子找到了家的方向……最后，我们在这里对她致以崇高的敬意！

十个词的小词典

下面是一个小词典，主要交代一些后续文中会提及，但是为了文本写作的流畅没有在正文对应处讨论的概念。这里我们要特别说明的是，这个词典可能比较难啃，读者如果有这种感受，也可以暂时搁置它，等到后续章节中出现对应概念的时候，再翻回来对照着理解。放置这个词典的目的，仅在于不让任何概念在没有解释的情况下出现。

1. 大他者（Autre）

大他者是大写的他者，与小写的他者（autre）相对，国内也有使用黑体字的**他者**进行翻译的习惯。成都精神分析中心的霍大同则建议将这两个词翻译成"大彼者"和"小彼者"，主要是考虑到此处和彼处的关系，小彼者处在我们所在的对面的位置。

使用"大他者"和"小他者"进行翻译，一方面是考虑到哲学史上的翻译习惯，另一方面是因为，虽然小彼者与我们相对，但是大他者并不必然站在我们对面的位置。对于孩子来说，他的大他者是他的母亲，而此时母亲几乎等同于他的全部世界。

在精神分析理论中，对大他者一般有两种使用习惯，一方面指代人或者权威机构等具体的东西，比如一个人不愿意参加考试，因为他觉得这个过程中他需要服从考试的安排，按考试指定的内容来复习等，而这些与他自己的兴趣相悖，他不愿意失去自己的"某部分"而服从考试这种"权威性"的安排。这个时候，我们可以说他担心被大他者享乐（jouit），因为他假设大他者可能会让他失去自己重视的东西，比如对其他东西的兴趣或者玩耍的时间。另一种使用习惯是语言学层面的。此时，大他者是能指（signifiant）[①]的场所、符号的机构。这是更严格意义上的大他者，意即我们所有的思考都是从大他者处获得的，因为我们需要使用语言思考，而从定义上，所有的词都在大他者那一端。

2.欲望（désir）

我们追求所有想要的东西，都需要通过语言表达，在表达的请求和我们的需要之间就是我们欲望的领域。它是一个无法抓住的东西，没有某一个对象能够完美满足欲望，总是会有一个剩余驱使我们去追求其他的对象。所以一方面，欲望如同修辞学层面的换喻（métonymie），我们的欲望从一个东西走向另一个东西，两者

---

① 能指：构成一个语言符号的声音和形象，后文会专门论述。

之间具有一种临近的关系，就像"我喝了一杯"中的杯子和它代表的酒之间的关系；另一方面，欲望与缺失有关，随着孩子开始学会用语言表达，有一些东西无法挽回地失去了，它构成了欲望最初的动力。拉康对欲望下的一个定义即是"欲望是缺在（manque à être/want to be）的换喻"[①]，它与我们存在层面（être/be）的缺失有关，而不是和拥有层面的缺失（avoir/have）相关，因为如果是后一种情况的话，我们得到了我们没有的东西，欲望就可以被满足。但现实情况并非如此，总是会有一个剩余出现。

3.能指（signifiant）[②]

能指是拉康借自语言学家费尔迪南·德·索绪尔（Ferdinand de Saussure）[③]的概念，它表示一个语言符号的音响形象（image

---

① Lacan J. La direction de la cure et les principes de son pouvoir [M]//Écrits. Paris: Seuil, 1966: 623.
这一句中"缺在"的意思即"存在的缺失"。

② 在第三章中，我们提到一个特别的能指，也就是代表大他者缺失的能指[S(A̶)]。这个符号的含义不易解释清楚，我们这里满足于引用拉康在《讨论班：欲望及其解释》中对它的说明："被画杠的A的意思是说，在作为话语的地点的大他者那里，作为在能指系统的全部所在的大他者那里，而不是在作为一个人的大他者那里，缺少一些东西。这个在那里缺少的东西只能是一个能指，由此而来S（能指）。大他者那里缺少的能指，这就是[S(A̶)]最为根本的含义。"
Lacan J, Le Séminaire Livre Ⅵ: Le désir et son interprétation [M]. Paris: La Martinière, 2013: 353.

③ 费尔迪南·德·索绪尔（1857—1913），瑞士语言学家，被认为是现代语言学之父。

acoustique）。精神分析的工作正是基于语言的歧义性而展开，也就是同一个音响形象可以具有完全不同的含义，在这一点上，精神分析可以被视为一个破译来访者所叙述的文本的工作。

值得注意的是，拉康对能指的用法不局限在音响形象的层面。正如柯莱特·索莱尔（Colette Soler）[1]所言："事实上，所有离散的可以具有意义的元素，它们可以和其他同样离散的元素相结合或者相分离，都可以被称作能指。"[2]比如说，"对某个东西的欲望"或者"母亲的理想"，这些以短语形式出现的元素，虽然不符合语言学中某一个词的能指的定义，但是在精神分析理论中，也可以被称为一个能指。我们还可以用电子游戏中的元素进行对比：在典型的角色扮演游戏画面中，当主角遇到某个可以拾起的东西时，通常这个东西边缘会闪着金光，提示主角可以跟这个东西互动，我们说，这个发光的东西就是一个能指。但重点不在于主角可以把它拿起来，而是主角可以通过它，跟游戏中的其他内容互动。假设这个东西是一件武器，重点是这件武器会对游戏中特定的敌人造成一定伤害。所以，一个能指总是和另一个能指有关，它单独的存在没有意义，相反，其价值来自它和其他元素的差异。

---

[1] 柯莱特·索莱尔（1937— ），当代法国著名分析家。
[2] Soler C. Ce que Lacan disait des femmes [M]. Paris: Editions Nouvelles Du Champ Lacanien, 2019: 53.

4.想象界（Imaginaire）

"想象界"属于拉康提出的三界（想象界、符号界、实在界）之一，它对应的是拉康通过镜像阶段发展出来的理论，因此它的特点是自我和镜像之间的二元关系。介绍拉康思想的书籍可能会把想象界作为单独一章来叙述，所以这里很难通过几句话概括出它的要点。但是值得注意的是，拉康正是抽取了语言或者能指维度的重要性，才得以区分想象的领域。正如他在《拉康文集》第一篇文章的第三段所言："想象的因素在能指的移置的过程（它们对于主体具有决定性的效果）中只是以阴影和回响的面目出现。"[1]换句话说，精神分析发现了能指的决定性，以至于主体的整个生活叙述可能都围绕着某一串音节可以表示的不同含义展开，而想象的内容相比这一串音节的决定性来说，只具有一个次要的地位。用角色扮演游戏类比的话，如果说能指的决定性表现为角色和敌人的各种数值的重要性，那么想象就相当于场景的光照、树木的纹理、背景的贴图或者装备炫目的外观等，它们是让我们赏心悦目的东西，如同镜像对婴幼儿的捕获一样，但是背后支撑它们运作的，是基于数据的游戏运行机制。借用上个词条中提到的例子，我们可以说，某一件武器可以作为一个能指存在，也可以被拆分为一系列的能指，也就是拆分成一系列表明它属性的词条。这些

---

[1] Lacan J. Le séminaire sur 'la lettre volée'[M]//Écrits. Paris: Seuil, 1966: 11.

词条对应它的攻击间隔、攻击范围、特殊效果等。显而易见，它的这些属性在游戏中的影响，远比它的外观更加重要。

5.符号界（Symbolique）

拉康的三界之二，也是精神分析最为关键的领域，因为弗洛伊德对无意识的假设"意味着人类的行为无论健康或病态都有一个我们可以挖掘的意义"。[1]而意义恰恰和符号界有关，某个东西的意义从来脱离不了它所属的语境，正是这个语境决定了一个词可能具有这样或那样的意义。

虽然有的时候我们提起符号界时，也可以把它简单理解为语言的世界，但因为语言中也包含着想象和实在的部分，所以符号界并不完全等同于语言。有人把"符号界"翻译成"象征界"，以此强调一个词对某物的象征。但是象征意味着在这个词和物之间具有某种直接的关系，但符号却不必如此，如果"木"这个汉字还可以让我们隐约看到它作为树木的象征的话，英文的"tree"则是一个纯粹的符号，完全不见木头的形象，而这种符号和它所代表的概念之间的任意性，正是拉康强调的内容。

具体说来，符号界是语言中能指的部分，其特点是自制（autonome）。它像一张巨大的网络，按照自己的规则不停地书

---

[1] Lacan J. Le Séminaire Livre Ⅶ: L'éthique de la psychanalyse [M], Paris: Seuil, 1986: 360.

写，不由遗传学或者生物学所决定。至于符号界和想象界的关系，可以参考上述关于想象界所举的例子。

6.认同（identification）和原初认同（identification primaire）

在弗洛伊德的工作中，认同表达的是一个人自我转换的过程：他暂时或者永久地将另一个人身上的某个或者全部特征，视为是自己的。

原初认同构成了幼儿对另一个人进行能量投注的最初表现。比如，幼儿理想化他的父亲，期待成为他，能做所有他做的事情等。与之类似但有所不同的是癔症性认同（identification hystérique），比如在弗洛伊德的个案中，杜拉染上了和她父亲一样的咳嗽，或者小说《我的天才女友》中莱农和她妈妈一样一瘸一拐。这种认同不是对准另一个人——她作为主体，我想变得跟她一样，而是表达"我跟她有一样的特征，所以我跟她一样"。它的目的既可以是替代对方，也可以是表达对对方的爱。有兴趣的读者可以参阅弗洛伊德的《群体心理学与自我分析》（*Massenpsychologie und Ich-Analyse*，1921年）。

7.力比多（libido）

拉丁语中"力比多"的意思是欲望、渴望、饥渴，弗洛伊德用这个术语表示性冲动（pulsion/drive/Trieb）的能量。冲动被设想为位于身心边界的一个概念，力比多指示冲动的能量学层面的内容。它是"性冲动的精神生活的动力学表现"。

8. 自恋（narcissisme）

自恋表示将自身当作对象的爱。弗洛伊德对它的讨论主要出现在1914年的《论自恋》（*Zur Einführung des Narzissmus*）中。在这篇文章中，他从力比多投注的角度处理自恋的问题。他认为，精神病，也就是他所谓的"自恋神经症"，展现了力比多可以不再投注对象，转而投注自己。我们可以说，自恋意味着力比多将自我作为一个对象进行投注。

9. 对象a（objet a）

对象a是拉康基于弗洛伊德的部分冲动的对象和温尼科特（D. W. Winnicott）[①]的过渡客体（transitional object）发展而来的概念。

这个概念的创造是拉康对精神分析理论最主要的贡献之一，也是他相当不易被初学者把握的一个概念——特别是随着他的教学的发展，他对这一概念的理解发生了显著变化。至于拉康为什么

[①] 唐纳德·伍兹·温尼科特（1896—1971），英国儿童心理学家、精神分析家。

要引入这样一个概念，我们可以引用菲利普·德·乔治（Philippe de Georges）的话来解释："这个概念使得拉康进入了那些人的序列，他们把人类的经验描述为主体和世界中的对象（客体）的相遇。"[①]检视在世界中生活中的人们如何和他的对象达成某种关系，可以说是拉康构造这个概念的重要初衷之一。

在拉康早期的教学中，他将对象a视作一个想象的部分对象，作为欲望的对象，用来与镜中的形象i（a）区分。在题为"转移"（Le transfert）的《讨论班》中，他将对象a和柏拉图的《会饮篇》中出现的苏格拉底身上的小神像（agalma）相对应。正如同小神像是隐藏的无价对象，对象a是我们在他人身上寻找的欲望对象。从题为"焦虑"（L'angoisse）的《讨论班》开始，对象a愈发和实在界相关联，它是我们欲望的成因（cause），启动和引导了我们对欲望之物的探索，而非我们欲望过程具体朝向的对象。冲动并不寻求抵达对象a，而是围绕着对象a运转。

理解对象a这一概念，重点在于理解它是我们在语言发展过程中残留的东西，是无法被任何能指代表之物，是和母亲的享乐被剥夺而造成的效果。在这个意义上，对象a总是某个掉落之物、被抽取之物，是主体进入代表社会规则的语言所伴随的后果。拉康在题为"欲望及其解释"（Le désir et son interprétation）的《讨论班》中说道："对象a是这样一个东西，它必须要表达主体最后的

---

① Miller J A. Les psychoses ordinaires et les autres [M]. Paris: Ecole de la cause freudienne, 2017: 246.

张力，它是剩余……它位于全部这些请求的边缘，并且任何这些请求都不能耗尽它。这样的东西注定代表一个缺失，并且是用一种主体实在的张力代表它。"[1]

拉康在《讨论班：焦虑》中区分了五种形式的对象a：乳房、粪便、目光、声音和阳具。它们都和身体的孔窍有关，代表着主体在世界中获取享乐的方式。对于前四种形式的对象，我们可以用以下的例子进行简单说明。

通常在精神分析过程的后期，来访者要穿越一座座迷宫，去发现他是如何将他所爱的人转换成一个对象的："他是不是将女人对待为乳房？他的爱情基调因此被奠定为依附、请求，然后被拒绝，然后他又回来？这是一种口欲风格（oral-style）的爱，被爱的女人因此被转换成他紧紧依附的乳房。抑或是他采取了一种肛门的方式，坠入爱河，然后一旦他所爱的对象被缩减为一个散发着气味的肛门客体，他立马像疯子一样离开？还是一种视觉的方式，他从来不在他爱的对象中看到这个对象是如何光明正大地欺骗他的？他从来不去看他为何总是陷入同样的僵局，总是瞬间坠入爱河，将全部的重要性置于那个一见钟情的时刻？或者他将爱的对象化约为一段声音，一段给他命令的声音，或者这段声音逼迫他

---

[1] Lacan. J. Le Séminaire Livre Ⅵ: Le désir et son interprétation [M]. Paris: La Martinière, 2013: 441.

一遍又一遍听它说话？"[1]

10. 主体（sujet）

主体是一个非常有趣的概念，它最开始的出现是为了与"自我"（moi）区分。拉康有时会单纯用主体这个词来表示一个人，有时也会用它来表达他的主体的概念。

拉康的主体是一个特别的主体，他不是一个心理学的主体——我有某种思想、某种感情，我可以想象做这个、做那个……他对主体的理解是从逻辑角度出发的，所谓"能指被定义为将主体代表给另一个能指的东西"[2]。比如，一位母亲说她的孩子是"坏孩子"，这时坏孩子就成为代表主体的一个能指，但是这个能指不是为了将这个孩子代表给其他的某个人，比如他爸爸。重点是这个"坏孩子"是相较于另一个能指而被定义的，比如"母亲理想中的好孩子"。于是，"坏孩子"这个能指将主体（这个孩子）代表给了另一个能指——"母亲理想中的好孩子"。这两个能指共同组成了一小段能指的链条。

至于主体和能指关系的结构问题，拉康喜欢引用探险家欧内斯

---

[1] Feldstein F, Fink B, Jannus M. Reading Seminar XI, Lacan's Four Fundamental Concepts of Psychoanalysis [M]. New York: State University of New York Press, 1994: 28.

[2] Lacan J, Le Séminaire Livre XII: Problèmes cruciaux de la psychanalyse [M]. inédit.

特·沙克尔顿爵士（Sir Ernest Shackleton）的例子说明："当我回顾那些日子时，我毫不怀疑，上帝一直在指引着我们，不仅是在穿越那些雪原的时候，在渡过象岛与我们南乔治亚登岸地点之间暴风雨肆虐的海域时，上帝也一路相随。我知道，在南乔治亚岛的无名山脉和冰川上那36个小时漫长而费力的行军期间，我时常觉得同行的是四个人，而不是三个。当时我什么也没有和同伴说，但事后沃斯利告诉我：'老大，我有种奇怪的感觉，好像行路的时候有另一个人跟着我们。'克林也承认有同样的感受。要想试图描述这样无形的东西，大家深感'人类言辞的匮乏，凡人话语的粗陋'，但若是不提及这一贴近我们心灵的主体，关于这段旅程的记录将是有所缺憾的。"[1]这里的能指即主人公包括他同行的四个人，而主体则是这一贴近他们心灵的主体——当然，在这里是上帝。但主体无外乎就是在能指链中加入一个新的能指的可能性，这个让大家都有所感受的额外的人。

---

[1] 沙克尔顿.南极[M].彭颖，译.北京：商务印书馆，2016.

第一章　异化的镜子

Chapter One

自恋与镜像

自恋神话的意义

拉康的前辈，精神分析学创始人弗洛伊德曾提到水仙花的希腊神话：

纳西索斯（Narcissus）是希腊神话中最俊美的男子，无数少女对他一见倾心，可他却自负地拒绝了所有人，这当中包括美丽的山中仙女厄科（Echo）。厄科十分伤心，很快地消瘦下去。最后，她的身体终于完全消失，只剩下忧郁的声音在山谷中回荡。此后，希腊人便用厄科的名字"Echo"来表示"回声"。而美男子本人在水中发现了自己的影子，却不知那就是他本人。他对自己的倒影爱慕不已，难以自拔，终于有一天赴水求欢，溺水而亡。众神出于同情，让他死后化为水仙花。水仙花的英文名字（narcissus）也因这个神话人物而来。

美少年在水中看到自己的绝世容貌，被自身的镜像所迷惑，乃至欲罢不能，因此死去。水中的倒影唤起了以自身形象所承载的爱，自恋这个概念正是由于精神病的问题而被引入精神分析的思想框架的。在临床中，弗洛伊德发现，患有精神病的个体，无法发展出神经症[①]那样的移情模式，因此沉迷在自我构建的幻觉和妄想的世界中。

我们来看一个现实中发生的故事。我的一位男性朋友有一个女同学，二者原先并无交集，但在数年前见了一面后，这位女同学却开始联系这位朋友，通过电话和短信骚扰他，表露出想与他恋爱甚至已经具有在与他恋爱的意向了。这位朋友严辞拒绝后，她仍然不消停。数月前，她得知这位朋友已结婚，骚扰加剧，为联系对方甚至中断工作，到对方城市住了月余，用公共电话不断拨打他的手机，导致他不得不换号。最近，我的朋友通过另一位同学得知，这个女同学相信他结婚乃是被逼，且为了跟她在一起，正计划离婚，所以她仍在寻找他的联系方式。他最后不得不联系这位女同学的家人，告知这一情况，事态才得以平息。

我们通过这个临床片段可以看到精神病个体的自恋问题：她所在的世界围绕着她认为的信念而发展，而且她对此没有怀疑，任何关于这个事件的怀疑均会被扭曲，来符合她的个人信念。因而在弗洛伊德的理论体系中，他把精神病命名为自恋神经症。我们下文就来详细讨论自恋这个概念。

[①] 弗洛伊德的工作最早集中在对神经症的治疗中，他发现，神经症患者呈现出特殊的移情模式，即可以把对过去重要人物的爱恨移到分析师的身上，但是精神病的个体则很不一样。弗洛伊德认为后者无法发展出可以让治疗一步步演进的移情。为了解释这一点，他发展出原初自恋和继发自恋的概念。

最初，对婴儿来说，并没有可以与自我这一精神器官相提并论的统一体，后者只会非常缓慢地发展。弗洛伊德理论中的精神能量——力比多，它获得满足的第一种方式就是自淫，这就是说，身体器官本身具有某种愉悦感。当自我还没有形成时，这种愉悦感就是弗洛伊德眼中自恋的主要特征。而且弗洛伊德着重强调了父母在原初自恋的构成中的地位，他写道："父母对孩子的爱是他们刚刚重生下的那种自恋。"[1]我们可以借此认为，原初自恋是父母自恋的"复制"，在父母眼中，自己的孩子到处都是完美的，其实是将他们自己早年放弃的所有梦想都投射到了孩子身上。"婴儿陛下"将实现"父母没有实现的欲望和梦想"，从而确保父母自己的永生。由于前语言的婴儿主要以身体的形式和父母互动，因此原初自恋或者说最初的自淫，就是身体器官的愉悦感。

如果理解了婴儿带着父母的影子形成身体器官的愉悦感，形成了原初自恋的话，我们就可以进一步来谈谈继发自恋，这与发展出稳固的自我边界后相对应的另一种自恋是相对应的。后一种自恋可以在正常人身上观察到，而前一种自恋，也就是继发自恋，弗洛伊德把它比作正在睡觉或生病的人身上发生的过程，因为在这些时候，人把全部情感的投注从外界撤了回来，投在自己身上，这一部分投回来的情感就构成了继发自恋。

和上文女同学的例子不同，继发自恋是一种具有恢复意义或

---

[1] 弗洛伊德，车文博. 弗洛伊德文集：第5卷. 北京：九州出版社，2014：176.

者保护性的自恋。不过,为了使这种自恋得以构成,我们可以假设,原初自恋有必要首先投注到后来形成的自我身上,再由自我投注到外部的对象或者他人身上。只有具有了自我,并将自我作为与外界的边界,个体才能把自恋的能量放置到外界。围绕婴儿器官的自淫部分的能量,现在可以投注到外界了,然而如果要摆脱原初自恋,自我必然有一部分不同的器官让自我对外界感兴趣。这一过程是通过自我理想而实现的。自我理想的建立,需要儿童的自我在特定的时候将父母对他的要求内化为自我的理想。因此,自我理想是他人界定的,透过这种经由他人话语的影响,自我可以把自身作为对象,获得一定的由自我发出去再返回的自恋能量,这就是继发的自恋。例如,当孩子在父母的鼓励下获得一张张奖状之后,他会通过挂在墙上的奖状而获得自满。

如果我们说,原初自恋是完全自大、没有理由的,是父母传递的,那么继发自恋就是他人说了算的,是自己自尊和力量的源泉,它和父母传递的文化、社会的表象及伦理要求密不可分。

弗洛伊德采用纳西索斯的神话来说明自我形象过于迷人甚至为此死去,来引入自恋议题,如果说其中提到的水面反射的镜像是偶然,那么对于拉康而言,他的镜子阶段的理论就是致力于从临床和理论两个维度论证这个阶段对于自我形成的重要性。

《拉康文集》收录了一篇拉康于1948年写成的论文《精神分

析中的侵凌性》(*L'agressivité en psychanalyse*)[①],其中拉康引用了德国发展心理学家夏洛特·布勒(Charlotte Bühler)[②]发现的互易主义的现象,这个现象指代对18个月至3岁之间的儿童来说,自己的形象和他人的形象是混淆的,以至于一个孩子看着另一个孩子被殴打或者被推的时候,他自己会哭泣甚至摔倒。再举个具体的例子:我们可能会看到这个阶段的小女孩看着另一个小女孩吃巧克力,然后她打了吃巧克力的女孩。当被问及原因时,她却声称是另一个女孩打了她。她在此并没有撒谎,因为有一个基本的模糊性构成了她的逻辑:她施加给他人的行为被她自身所接收到,所以在这里就像她自己被人打一样,她和另一个女孩就像照镜人与镜中像的关系。

拉康引入这样的心理学现象,是为了澄清自我的建构问题。如同前文所言,在区分原初自恋和继发自恋的过程中,自我和自我理想是两个基本的概念。然而,如果原初自恋到继发自恋的建构得以完成,这也意味着自我的边界需要建立,在边界内部的是自我,边界外部的是对象或者他人。上述的心理学现象说明,自我并非一个天生的精神机构。那么它到底是如何建构而来的呢?拉康的镜子阶段的理论正是为了回应这个难题。

---

① 拉康.拉康文集[M].褚孝泉,译.上海:上海三联出版社,2001:109.
② 夏洛特·布勒(1893—1974),美籍德裔心理学家,出生于德国柏林,逝于斯图加特。1965—1966年任人本主义心理学会主席。

镜子阶段的三个时刻

6~18个月大的孩子在镜子面前时,刚开始会把镜中自己的影像指认为另外一个孩子,这时孩子还无法辨识自己的镜中像。随着长大,他认出了自己镜中的形象:"那就是我!"这一刻,他心中充满了狂喜。在拉康看来,镜前的孩子在此过程中,包含了双重的错误识别:当他把自己的镜中像指认为另一个孩子的时候,是将"自我"指认成"他人";而当他将镜中像认作自己时,他又将光影的幻象当成了真实——混淆了真实与虚构,并由此对自己的镜像开始了终身的迷恋。这就是镜子阶段的基本理论。[①]

不过,这里短短的描述无法帮助我们厘清这个阶段对拉康所谓的人类主体想象界的意义。为了进一步说明,本章下文的所有内容几乎都围绕这几句话展开。

如同这篇论文的名字《助成"我"的功能形成的镜子阶段——精神分析经验所揭示的一个阶段》所显示的,拉康认为,镜子阶段牵涉到的首先是关于符号身份的"我"的功能。[②]他写道:"一个

---

① 拉康.拉康文集 [M].褚孝泉,译.上海:上海三联出版社,2001:109-110.
② 这个符号身份的"我",对于拉康而言,指的是语言的"我",即当我们说话的时候指代"自身"的那个主语,也是言语的施动者。由于我们的思想随着母语的习得而形成,形成之后,思想总是由一些母语的声音构成。下文的镜子阶段的三个时刻会说明这里的"我"作为施动者和判断者,和镜像的自我是不同的。另外,后文提到的符号我、主语我,均是这一个,只是应用语境的差异。

尚处于婴儿时刻的儿童……这在我们看来是在一种典型的情境中表现了符号性模式，在这个模式中，我突进成一种首要的形式。之后，在与他人的认同过程的辩证关系中，我才客观化；再之后，语言才给我重建起在普遍性中的主体功能。"[1]所以，镜子本身提供了符号性的"我"的身份的基础，随后在和他人的认同过程中，这个主语的"我"才客观化，也就是作为我的对象的自我产生出来。这个过程并非如此简单。

我们首先需要看到，拉康明显区分出了作为符号身份的"我"，以及在与他人认同的辩证关系中的客观化的"自我"。然而，自我的建构并非一蹴而就，而是一直处于辩证关系中，并且从未建构出一个封闭的自我，这个自我总在和他人的异化关系中重构着。为了说明这个复杂的过程，我们一般把镜子阶段分为三个时刻，每个时刻都涉及想象界精神机构的构成。

镜子阶段的第一个时刻清楚地揭示了儿童对想象世界中的各种形象的服从，也就是说，儿童的反应表明，他认为镜子所呈现的形象是真实的，或者至少是另一个人的形象。此后进入第二个时刻，儿童不再将这个形象视为真实的对象，他不会试图抓住被认为是隐藏在镜子后面的另一个儿童。这就构成了认同过程中的决定性步骤：儿童发现镜子里的形象不是真实存在的个体，而只是一个虚幻的形象，而且，儿童的行为总体上表明他现在知道如

---

[1] 拉康.拉康文集[M].褚孝泉，译.上海：上海三联出版社，2001：90.

何区分他者的形象和他者的现实。

不过需要了解的是,直到第二个时刻为止,儿童的反应和黑猩猩幼崽的反应没有什么不同,除了黑猩猩要更慢一点[①]。

随后就进入第三个时刻。人类的孩子开始和黑猩猩不同,他会认出这个镜中的虚幻形象是他自己的形象。这确实是一个认同的过程,是对主体身份的逐步征服。对于拉康而言,如果事先没有符号身份的"我",那么人类的孩子也会同动物一样,无法将镜像当成自己的,并且认为是自我的形象,也因此无法将镜子中的身体形象客体化为自我。所以,正是这个时刻促成了前两个时刻之间的辩证关系,即镜像到底是现实的还是非现实的。一方面,在第三个时刻,儿童确信镜面反射的是一个形象,而且最重要的是,他确信这个形象就是他自己。另一方面,在重新认识镜中形象的过程中,他能够将无法掌控的、分散的甚至支离破碎的身体感觉和运动觉,组合成一个统一的整体,作为他自己身体的再现。因此,身体形象是主体身份形成的结构性因素,因为正是通过这个形象,他获得了他的原初认同[②],形成了自我的原型(Urbild)。

---

① 拉康.拉康文集[M].褚孝泉,译.上海:上海三联出版社,2001:110.
② 严重自闭症儿童的临床能帮我们了解这种没有自我的状态。在严重自闭症儿童身上,一方面,如同狼孩的例子中展现的那样,语言功能严重欠缺,通常在2~3岁时仍然不会说话,或者在正常语言发育后出现语言倒退,在2~3岁以前有表达性语言,但随着年龄增长逐渐减少,甚至完全丧失,终身沉默不语或在极少数情况下使用有限的语言。另一方面,这些儿童的目光要么是空洞的,要么穿透他者的眼睛看事物。因此,他们无法把他人的眼睛作为他者目光的发出者,也无法从镜子中认出自己的形象。

在这里我们必须明确区分，动物（包括黑猩猩）并没有认出镜中的影像是自己的形象，在镜子阶段的第二时刻，前文提到的互易主义现象出现了，这一时刻，孩子能区分现实和形象，但是其他孩子的形象却会被当成是镜子中的自己的形象，这说明自我源自外部他者的形象。第三个时刻，镜子阶段完成，自我的原型建立起来。因此，拉康经常在提到自我建构这个问题时引用兰波（Jean Nicolas Arthur Rimbaud）的诗句"我是个他者"[1]。

---

[1] 原文出自兰波17岁时写给好友保罗·得莫尼（Paul Demeny）的长信：因为"我"是个他者。如果青铜唤醒铜号，这不是它的错……显而易见的是：我目睹了我思想的孵化：我注视它、倾听它，我拉一下琴弓：交响乐或是在心底震颤，或跃上舞台。

原初自恋与继发自恋

原初自恋是父母自恋的"复制"。"婴儿陛下"将实现"父母没有实现的欲望和梦想",从而确保父母自己的永生。因此,原初自恋是完全自大、没有理由的,是父母传递的。

继发自恋则是一种具有恢复意义或者保护性的自恋。儿童会将父母对他的要求内化为自我理想,每当儿童达到了父母的要求,实现了自我理想,他就会从外界的肯定中获得自恋能量,这种自恋即为继发自恋,是他人说了算的,是自尊和力量的源泉。

一个人能否顺利地从原初自恋中构建出继发自恋,取决于他是否能发展出清晰的自我边界。

镜像的侵凌性

早在1938年，拉康在《家庭情结》（*Les complexes familiaux dans la formation de l'individu*）这本小书中就提到过这个关于自我原型的问题，他在书中写道："兄弟姐妹提供了自我的古老模型。"[1] 古老模型意味着兄弟姐妹的形象会被内化形成一些原始的自我形象。并且拉康还认为，侵凌性是兄弟情结[2]的基本特征。"兄弟姐妹的创伤作用源于它的入侵。它的出现及其时间的事实决定了创伤作用对主体的意义。侵入起源于新来者的出场，这扰乱了占有者。作为一个家庭的一般规则，这个占有关系源自出生秩序，原则上，优先占有的是年龄较大的孩子。"[3]

这个问题让我们回到互易主义现象上。这个现象说明在那个阶段，孩子不仅认同了镜中自我的虚幻形象，并且类似的竞争者（尤其是兄弟姐妹）也被当成镜中人物，且被误认为自我。但是，这里提出的一个问题是：到底为什么我们在互易主义现象中，会看到这种对他者形象的侵凌性呢？也许是因为儿童在形象层面表现出某种混乱——他只是不确定他者形象是否是他自己的。而且进一步，他对自己身体的掌控是因为作为儿童的"我"认同了他身

---

[1] Lacan J. Autre Écrits [M]. Paris: Seuil. 2001: 44.
[2] 兄弟情结：也称侵入情结，是拉康用来指代兄弟姐妹之间因为年纪相差不大（3岁以内），会构成强烈的竞争关系的一种情结。而年龄差距3岁以上的兄弟姐妹会被幼者当成双亲中的一个。
[3] Lacan J. Autre Écrits [M]. Paris: Seuil. 2001: 44.

外的形象，也就是说在这个阶段，儿童会把现实中的其他孩子也当作自己的镜像。

这里必须提到另外一个要点，按照大多数动物的生长规律来说，人类女性怀孕大概21个月，孩子才会足月，但是因为人类脑容量的增大，人类不得不选择"早产"。动物的幼崽出生不久即可具有对身体的统一的运动控制和感官感受，视觉系统用来为这个身体服务；人类的孩子即便到3岁，仍然非常依赖照料者。跷着脚在婴儿车里吃脚趾的孩子不知道脚是用来走路的，统一的运动控制机能未建立，五感的感受因为行动不便仍未完善，但这时期镜像却通过视觉给予婴幼儿一个统一的身体形象。与动物觉得镜像是虚幻的而失去兴趣不同，他因此而雀跃。

当然，与此同时，由于这种生理成熟度的落差，人类儿童在出生后的前几年里非常依赖照料者，所以母亲他者对他而言变得如此重要。并且在断奶期后，人类儿童的身体运动和感觉功能还在逐渐发育，但却提前透过镜像建构出了镜像自我，与动物身体感受的统一的自我不同，它反过来作用于尚在缓慢建构阶段的运动和感觉功能的神经中枢：身体图式[①]。

正是基于这两个前提条件（人类是早产儿，以及我们在幼年时会提前构建出镜像的自我），拉康发现，互易主义现象中展现的侵凌性是构成自我的关键。简单地说，拉康认为，对儿童来说，

---

① 关于"身体图式"，我们会在本章第二节中详细讲到。

对自己的镜中虚像或对方形象的攻击，促进了这种认同的建构。由此产生的自我，总是建立在一个被体验为异化的他者形象上。

为什么这么说呢？

同动物不同，人类儿童在镜子阶段得以形成自我的原型，在于他从镜子中认出了"我的形象"，与此同时，符号化的语言的"我"的概念形成；并且，也因此与动物的幼崽不同，人类儿童对身体的掌控必须先由这个外在、虚幻的形象来先发地掌控，以获得原初自恋的投注。再者，因为母亲照料者的重要性，母亲的欲望也在这个照料过程中开始和儿童互动并且传递，而且由于兄弟姐妹的类似者的影响，互易主义现象通过争夺、侵凌性，助长了儿童主体欲望的最初构建：他者欲望的事物，变成我欲望的事物。侵凌性因此助长了自我和外界的边界区分，减轻了自我形象和他者形象相混同的程度，儿童也可以借此离开互易主义现象，最终完成镜子阶段的自我建构。

这里的侵凌性，因此与动物不同，涉及的不是对外界的防范，而首先是家庭内部的戏剧。因为镜像的行为在这里不仅仅是指对镜子的反射，而且是对其他孩子的模仿。因此，"在互易主义现象中，可以观察到镜像阶段的影响，在这种现象中，婴幼儿将自己的行为和他人的行为视为等同。他说——弗朗索瓦兹打了我，而实际上，是他打了弗朗索瓦兹"[①]。这里提到的互易主义现象所涉

---

① Lacan J. Les Écrits techniques de Freud [M]. Livre I (1953-1954). Paris: Seuil, 1975: 281.

及的戏剧是，这个孩子不仅同意是另一个人（即弗朗索瓦兹）掌控了自己的身体，而且还涉及了弗朗索瓦兹是如何看待他的：他是个被弗朗索瓦兹攻击的人。

互易主义现象反过来又引发了这个儿童思考关于他者（弗朗索瓦兹）对自身的看法，或他者（弗朗索瓦兹）想从他这里获得什么这类牵涉欲望的问题。所以，我们说这是对他者欲望的展望，这种展望进一步为理想自我添砖加瓦。但这种镜像的揣测关系是迷惑性的，自我和他者的意图在此被等价，拉康因此认为，自我本质上是妄想狂的[1]。

符号我、理想自我和自我

对于理想自我的形成，拉康有过很多讨论。因为人类自我源自外部镜像，在镜子阶段的第一、第二个时刻，自身形象作为他者形象存在，所以，原初自恋在这两个时刻是先投注到这个被认为是外部的形象上的。然而，只有当自我形成，这里才会持续地构成投注，否则自恋的能量可能撤回。但随着第三时刻的到来，

---

[1] Lacan J. Autre Écrits [M]. Paris: Seuil. 2001: 43.

随着儿童认出镜中的形象是自己，原初认同①的过程得以完成，旋即自我形成。在自我形成后，这里就成为原初自恋能量的中继站，并且持续投注到外部形象上，如图1-1所示。而一开始，这些外部形象就是镜中的身体形象、他人的形象，这些形象在此时成为"理想自我"的认同泉源②，它们在侵入情结中积极发展。这些认同由于在原初认同之后，因此是继发认同。

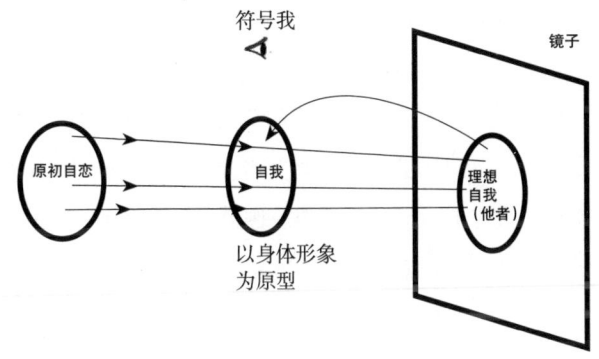

图1-1 符号我、理想自我和自我的关系

图1-1中的眼睛代表正在看的主体（而不是自我），它是施动者，也即符号我。另外，镜子阶段形成的自我的原型，就是原初

---

① 认同指的是主体同化他人的某个方面、某个特性、某个属性，并整体地或部分地在其模式上转变的心理过程。弗洛伊德最初将原初认同与施以其上的继发认同相对，不仅因其发生时间上的优先，更因其建立并不有赖于一个适当的对象关系的最初形式。由于自我的形成构成最初主体和对象的边界，因此，自我形成的过程被认为是原初认同。

② 拉康.拉康文集[M].褚孝泉,译.上海：上海三联出版社,2001: 90.

的认同,但它需要继发认同的建构,才能综合和获得统一。但是,如果理想自我的构成和他者形象如此紧密地联系着,那么这种自我和理想自我在未来统一为一体,自我成为理想自我,从而实现最终满足,就只能是一个泡影,毕竟,自我永远不可能借由各种他者形象而回到弗洛伊德假设的原初自恋式状态:一种孩子同母亲混为一体的完满世界。

这个完满世界本身是一个假设,并且可以和原初自恋的状态相对应。在弗洛伊德对俄狄浦斯情结的说明中,母亲是孩子第一个爱的对象;只有当父亲通过阉割的威胁(即父亲作为一种不可战胜的力量,介入母子关系中,将二者分离)进行干预的时候,才能强制孩子放弃他对母亲的欲望。因此,拉康的许多工作都针对从母子二元关系(想象界的前俄狄浦斯情结)转入父、母、子三元关系(符号界的俄狄浦斯情结)的过渡。

然而,这个过程是缓慢且艰难的。在描述这个过程之前,我们先来看看身体形象和自我的一些精神病理学的情况。

镜子阶段的三个时刻

在第一个时刻,儿童认为镜子所呈现的形象是真实的,或者至少是另一个人的形象。

在第二个时刻,儿童发现镜子里的形象是虚幻的,他不再试图抓住被认为是隐藏在镜子后面的另一个儿童。

第三个时刻是人类区别于动物的时刻,人类的孩子开始认出镜中的虚幻形象是他自己的形象。正是通过这个形象,他形成了自我的原型。

有趣的是，处于第三时刻的儿童开始出现一种叫作"互易主义"的心理学现象：孩子不仅认同了镜中自我的虚幻形象，并且会把现实中与自己有竞争关系的其他孩子（尤其是兄弟姐妹）也当作自己的镜像。

于是，竞争的戏剧开始上演了，为了争相成为被母亲（有时候可能是老师，或者比自己大3岁以上的哥哥或姐姐）爱的对象，年纪相差不大（3岁以内）的兄弟姐妹之间开始形成强烈的竞争关系，这也被称为"侵入情结"。

而这种侵凌性正是自我构成的关键。因为通过竞争，自我形象与他者形象相混淆的程度被减轻，自我与外界的边界得以区分。

两种镜子

前文提到了动物幼崽和人类儿童在自我建构上的差异,这一差异如果没有下面的临床材料作为说明,恐怕很难被大家理解。我们接下来就再度从这个问题出发。

自我并非身体图式

根据前文,我们了解到身体形象是在镜子阶段构成的无意识中的自我原型,是跟他者形象紧密联系着的,是后天建构的;需要与之区分的另一个概念是身体图式,它指的是神经学意义上的知觉和运动觉的最高级中枢神经的大脑皮层。所有人生来都具备这样的大脑中枢(如图1-2),因此,身体图式被认为是先天具有的[①]。

实际上在弗洛伊德的著作中,自我就曾被类比为神经学的身

---

① 但是随着每个人对身体掌握的经验(随着锻炼或者熟练使用的区域),身体图式上对应于身体的相应区域由于这种经验会有些许差异,例如,水手因为长期在海上,为了适应波动较大的海面,其脚步肌肉对应的大脑区域也会代偿性扩张,比一般人的相应区域要大。

体图式。在1923年发表的《自我与本我》(*Das Ich und das Es*)中,他写道:"如果我们想为它(自我)找一种解剖学上的类比,可以很容易地把它等同于解剖学家的所谓'大脑皮层上的小人',它在大脑皮层上是倒置的。正如我们所知道的,它脚朝天,脸朝后,左侧是它的言语区。"[1]

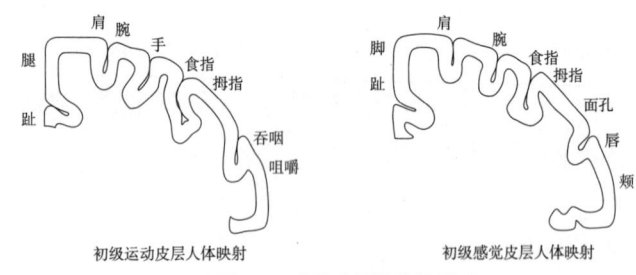

图1-2 大脑皮层的身体图式

不过,拉康并不同意弗洛伊德。他通过镜子阶段的理论,区分了身体形象和身体图式。因为,获得原初认同的整个过程都建立在想象的维度上,儿童通过某种虚拟的东西——镜面的形象——来识别自己,但这并不是他自己,而是一种想象的认识,这种现象也是被客观事实所证明的。在发生这种情况的年龄阶段(6~18个月),作为婴幼儿的儿童还没有成熟到对自己的身体有熟练的掌控以及进而具备完整的身体体感的认识,也就是说,身体图式对身体肌肉的掌控还没有充分成熟,无法像动物幼崽那样在出生几天后就具备

---

[1] 弗洛伊德.自我与本我 [M]//车文博.弗洛伊德文集:第6卷.长春:长春出版社,2001:127.

基本的感知和运动能力。在这个意义上，儿童在镜子阶段通过镜像获得完整的身体形象，要先于他的身体图式能够熟练掌控身体，因此，身体形象的建构会反过来影响与身体图式相关的身体经验，而动物却没有人类这样的精神问题。

在神经学的临床中，能帮助我们做出这样区分的例子并不罕见。例如，患有偏侧忽略症[①]的病人，会在身体形象上忽略自己的半侧身体，即不认为自己身体的左边或者右边是自己的。但是由于身体图式完好无损，他们仍然能够运用和控制被他们忽略或者遗忘的身体部位，完成意向性的身体活动，如体操等。但是，患有传入神经阻滞症的病人由于神经功能受损，无法传入感知信息到身体图式，对应部分的身体图式因此缺失。但在身体形象的帮助下，也就是通过照镜子，他们仍然可以凭借视觉和认知上的努力来维持身体的平衡和基本运动。

幻肢疼痛及其治疗也是对身体形象和躯体图示加以区分的绝佳例证。因为事故导致某部分肢体被截肢并在恢复后装上假肢的患者，会体验到被切断的肢体仍在，且该处发生疼痛。当我们使用镜子阶段的理论考虑这种紊乱时，需要注意一件有趣的事情：治疗这种疼痛的最有效方法之一是使用镜子，也就是被称为"反射镜箱"的治疗方案。在治疗过程中，医生让患者把他健康的肢体和出现"幻象"肢体分别插入反射镜箱的两边，中间由反射镜

---

① 偏侧忽略症：失认症的一种。

隔开。当患者移动他健康的肢体时，他会在镜子中看到他本来感觉到幻肢的位置处出现了健康肢体的反射形象。通过这种方法，患者能够减轻许多痛苦感受。

这个现象清楚地说明，身体形象和身体图式之间既有区分也有联系：肢体因为受创而残疾后，身体图式作为相应的神经中枢，会继续发送信息，因为它仍然认为相应的肢体是存在的，这导致了幻肢的疼痛。而通过镜子重新看到这部分缺失的身体形象，抑制了身体图式发送给断肢肌肉的信号。这里，我们能看到虚幻的镜面身体形象如何给出统一的自我形象，并且影响和作用于身体图式。

我们需要强调：虽然身体图式是先天的，但随着我们的使用，人与人会有些许差异。对同龄的个体来说，无论生长的地点、时代或条件是否相同，他们的身体图式都是相似的。[1]然而，身体形象——鉴于个体和他者的相遇是非常特殊的个体化的经验——包含着文化、习俗、教育等和他者互动的痕迹，于是不同个体存在巨大的差异。例如，拉康的朋友、著名的法国儿童精神分析学家弗朗索瓦兹·多尔多（Françoise Dolto）[2]认为，身体形象是主体在无意识中形成的、有关自身身体的内在表征。身体形象存在于时空关系之外，是纯粹的想象物，是力比多贯注于某个身体爱欲区

---

[1] Dolto F. L'image inconsciente du corps [M]. Paris: Seuil. 1984: 22.
[2] 弗朗索瓦兹·多尔多（1908—1988），法国著名的儿童精神分析家，预防性教育模式的首创者，她与拉康共同建立了巴黎弗洛伊德学派。

的结果。身体形象对于每一个个体而言都是独特的，因为它与主体自身的生活经历有关。[1]

事实上，拉康曾经在他1951年的文章《对自我的思考》（*Some Reflections on the Ego*）中提及幻肢综合征："被称为'幻肢'现象的意义还远未穷尽。在我看来特别值得注意的方面在于，这种体验本质上与疼痛的持续有关，这种疼痛不再能用局部肢体的刺激加以解释。就好像在这里瞥见了一个人与他的身体形象的存在关系，在这种与断掉的肢体这样自恋对象的关系中……（幻肢综合征）使我们怀疑大脑皮层的功能就像一面镜子，而且正是在这面镜子这里，这些身体形象被整合到在自恋理论本就暗含的力比多关系当中了。"[2]

为了让读者更加明确这里的意义，我们在这个基础上进一步举例说明。首先，低龄（幼儿）截肢后很少发生幻肢疼痛，但随着年龄的增加，发病率也会增加。其次，先天性缺肢患者发生幻肢疼痛的情况也非常少。因此，幻肢问题不仅仅是身体图式的问题，它尤其和自我完整的身体形象的建构有关，如果儿童先天缺少肢体或者低龄截肢，在完整的身体形象形成之前，即便有对应的、先天的身体图式存在，也不会引发幻肢疼痛，因为儿童还没有把被截肢体的感知经验整合到力比多投注的经验中。也就是说，

---

[1] Dolto F. L'image inconsciente du corps [M]. Paris: Seuil. 1984: 22
[2] Lacan J. Some Reflections On The Ego [J] Read to the British Psycho-Analytical Society, 1951（5）.

这样的儿童还没有把躯体的丧失作为自我的一部分。[1]

身体形象的紊乱

多尔多的弟子,莫妮克·特科(Monique Tricot)[2]曾经分享的一则案例,清晰地说明了身体图式和身体形象的差别:

> 我在很久前曾经分析过一名神父。他身高1.85米,由于我分析室的门不高,因此他走进来时总会弯一下腰。他做得很好,没有碰到门,也就是说他的身体图式并没有受损。在分析过程中,他告诉我两件事情。第一件事是他并不愿意做一名神父,但由于这是他母亲的欲望,因此,为了让母亲高兴,他不得不做一名神父。另一件事是他认为自己很小,但事实上,他比我高得多。有一次我问他,你说你很小,说这句话时你想表达什么?他回答道:"难道你没有看到我的身材非常矮小吗?"对这个男人来说,他身体图式的功能是正常的,但他的身

---

[1] Flor, H., Nikolajsen, L., & Staehelin Jensen, T. (2006). Phantom limb pain: a case of maladaptive CNS plasticity? Nature reviews. Neuroscience, 7 (11), 873-881.

[2] 莫妮克·科特(1940—),法国拉康派协会弗洛伊德圈子的成员,多次来北京、上海和成都开展精神分析培训。

体形象却是一个属于母亲的小男孩形象。[1]

在这个案例中,来访者的身体图式是完好无损的,因此他能轻易地做出弯腰等动作。但是由于母亲的干扰,即要求他成为一名神父,来访者就混淆了母亲的欲望和自身的欲望,且将母亲的欲望误认为是自己的欲望。因此,他错误地感知自己的身体形象,认为自己仍是一个须处处服从母亲的小男孩。这样一来,他的身体形象就受到损害并停止发展,始终呈现一个矮小的形象。

为了进一步说明这里涉及的临床现象,我们举出两例偏侧忽略症的例子。

神经学家丹尼-布朗(Denny-Brown)就曾提到,他的一位患有偏侧忽略症的病人能够像正常人一样为自己的半侧身体穿好衣服。这位患者"在右侧头顶骨脑叶损伤后行为异常:她的右侧身体总是穿着得体,但是左侧身体却赤裸地暴露在外面"[2]。神经科学家可以帮助她知道,从她肩膀上垂下来的手确实是她自己的,而不是别的什么人的,但是因为没有任何一点来自自身感觉的证据说明"这条晃来晃去的手臂确实是我的",这种认识很快就烟消云散了。尽管如此,令人意外的是,在穿衣、走路、吃饭等身体活动中,她仍然能够正常地使用她那被忽略的左侧肢

---

[1] 引自莫妮克·科特2004年12月在四川大学的演讲。
[2] Denny-Brown D. The significance of perceptual rivalry resulting from parietal lesion [J]. Brain, 1952 (75): 433-471.

体。以穿衣服为例,这个看似再简单不过的运动,其实涉及大量复杂的空间转换和运动技能。在穿衣服的过程中,尽管衣服会不断地改变空间方位,但是主体不仅能够完全驾驭它,而且通常是以近乎本能的方式穿上衣服。这位患有偏侧忽略症的病人也能够做到,因为她用来控制身体活动和平衡的身体图式仍是完好无损的。

另一位神经学家奥格登(J. A. Ogden)在她著名的研究报告《破裂的心智》(*Fractured Minds*,2005年)中描述过一个这样的案例:她的患者珍妮不愿意为她的左侧身体穿衣服,甚至在晚上睡觉的时候不愿意把左腿放在床上而要挂在床沿外。起先,珍妮被误诊为患有运动失能症,因为她被忽略的半侧身体行动有些异常,而这种异常似乎与身体图式的功能失调具有某种关联。[1]但事实上,通过神经学的检查发现,珍妮的身体图式并没有问题,因而最终,珍妮被诊断为身体形象出现问题[2],她因此无法感知到自己的左侧身体。

上面的两个案例都涉及自我的原型在镜子阶段的建构的失败。多尔多认为,精神分析的工作是可能修复这种早年的建构失败的,

---

[1] Ogden J A. Fractured Minds: A Case-Study Approach to Clinical Neuropsychology [M]. Oxford: Oxford University Press, 1996: 109-120.
[2] 偏侧忽略可能是由于身体图式先天不健全导致,也可能是由于身体形象存在故障导致,如果通过教育可以让患者控制被忽略侧的身体,或者发现患者某些时候能控制被忽略侧的身体,说明他的身体图式是没有问题的。因此,珍妮被诊断为是身体形象的故障。

这是因为符号我的功能使得话语可以介入，从而让自我形象发生改变。

这是《百分百多尔多》中举的例子：维罗尼克是一个强壮快乐的小孩。她在13个月大的时候遭遇了一场事故，使得她的双腿终身瘫痪。她继续正常地成长：她能像大多数人一样保持整洁，会说话，但她必须依靠轮椅才能移动。慢慢地，她开始变得消沉，她不再从事自己喜欢的游戏和运动，并且变得越来越少地与人交流。父母发现，随着维罗尼克渐渐地长大，她开始意识到自己是残疾的，因此她在情感上受到了伤害。于是他们向维罗尼克讲述她遭遇的那场事故，她的双腿无法活动的原因。他们告诉维罗尼克，在这之前，她是能够行走的。维罗尼克于是问父母，在这之前她可以用双腿做什么事情。她与父母开始了交流："如果你能够行走，你想去哪里呢？"维罗尼克重新找到行走的想象形象，渐渐地，她开始表达自己的欲望，生命的冲动慢慢地重新出现了。①

我们再看一例多尔多女士的个案，这个案例可以让我们进一步了解话语是如何重整身体形象的。

> 一个5~6岁、患精神分裂症的小女孩被带到多尔多那里。两年来，女孩没有用手抓任何东西。当她喜欢的菜肴被放在盘子上时，她没有用手而是直接用她的嘴去含

---

① 达科特.百分百多尔多[M].姜余，译.桂林：漓江出版社，2015: 50.

住食物，然后立即将其吞下。我们试着想想这个女孩：头在围兜上，支撑着自己的小手是握着的，手腕弯曲到一侧的腋下。这个小病人与坐在桌子旁的多尔多进行了一次会谈，多尔多用橡皮泥跟她工作。她却重复了奇怪的姿势——用嘴含住橡皮泥。这时多尔多说："你可以用你的手口来吃。"随即女孩开始做以下动作：她伸出胳膊，用手握住橡皮泥，并放入嘴里。此后，她开始会用手了。[1]

多尔多通过言语把手和口的功能加以衔接，小女孩于是能够把口的功能过渡到手的功能。这个小女孩身上展现的是身体形象的功能性退行，也就是从掌控的手退回到更早的母乳喂养的口腔阶段，而言语让这个功能得以恢复。这个功能的紊乱经常和作为原初照料者的母亲有关，我们下面将提到的个案能说明，在原初自恋阶段，照料者的混乱和匮乏如何导致了孩子自我建构的失败。

儿童精神病：符号我与想象我的紊乱

为了更好地继续，我们先回顾一下，拉康通过镜子阶段，对"自我"这个概念提出了以下三点：

---

[1] Dolto F. L'image inconsciente du corps [M]. Paris: Seuil, 1984: 36-37.

第一，自我被缩减为自恋的投注对象：在任何情况下，都不能将其同化为"知觉—意识"系统框架内的主体，即用身体图式来掌控的身体的主体。

第二，自我就是以这种自恋的想象捕获为特征的，这一特征化，使得虚构的镜面形象变成了我的形象——镜子阶段的结束位于自我的诞生之日。

第三，自恋和侵凌性是在同一时间构成的，这将是自我在他者形象中的形成。

简单地说，拉康强调镜子阶段是符号我的"预演"，但这一阶段的基本性质预设了符号我在想象维度中以身体形象作为自我形态因此被异化的命运。自己的身体和它的形象，都是"我"的客观化的对象。自我的想象世界因此起源于儿童将自己的形象认同为自己，认同一个不是他自己但允许他从中认出自己的镜像。尚未完整发育的人类儿童优先把自身形象作为基础，以此建构了和外界现实中的对象/他者的对应关系，所以在这样做的过程中，自我和身体形象构成了原初认同的关系。与此同时发生的是主体的诞生，即符号我的诞生，它对应着孩子出生前就被取好的名字、父母赋予孩子的身份。这形成了符号我、姓名、身体形象以及自我四者的关联性。动物的"我"显然不是如此构成的，这种关联让想象以及符号的经验进入主体建构中，并且随着学龄期的教育，它们彻底改变了人类现实。然而不幸的是，人类也因此产生了各种和想象符号紊乱有关的精神疾患。

为了说明这里的问题，我们来展现拉康派的女分析家罗西纳·勒福尔（Rosine Lefort）[1]所报告的小罗伯特案例（也就是著名的狼孩案例）[2]。在这个男孩的例子中，他不知道谁是父亲，而他的母亲被诊断为妄想症。从出生开始，母亲带着他从一个地方搬到另一个地方，忽略了他的基本喂养需要，以至于他在5个月大时因急性水肿和消瘦而被送往医院，而且由于情况紧急，在未经麻醉的情况下承受了乳突窦切开术。9个月大时，他回到母亲身边，两个月后因急性消瘦再度入院。后来母亲遗弃了他。作为寄养子，罗伯特在4岁以前更换了25次住处。罗伯特的症状是：动作极端不协调，激越，语言不连贯（频繁尖叫，发出喉音、刺耳的笑声）。

勒福尔描述说：他会突然伸手去抓一个物体但又未能抓住，并且他不会调整这个动作，只是一次又一次地重复。他有痉挛发作，但并没有真正的癫痫发作。

一天晚上上床后，他站在床上当着其他惊恐的孩子的面，想用一把塑料剪刀剪掉他的阴茎。而脱衣服对他来说是真正的危机，需要3个小时。他高声地吼叫着"狼！""小姐！"，从一个房间

---

[1] 罗西纳·勒福尔（1920—2007），拉康著名的弟子，法国自闭症专家、儿童精神分析学家。

[2] Lacan J. Les Écrits techniques de Freud [M]. Livre I (1953-1954). Paris: Seuil, 1975: 169-180.

跑到另外一个房间，在粪罐子中抓起粪便涂在其他孩子身上。直到被约束起来时，他才安静下来。

他的恐怖幻想因此变成了现实……罗伯特建构出的想象是有个饥饿的、妄想狂的、危险的母亲会攻击他。强加的奶瓶让他吞下他的哭喊……接着是给他输液，然后是分离，25次接连不断地搬迁。勒福尔认为，这个孩子在现实当中瓦解了，他完全没有符号的功能，想象功能更差。拉康则纠正说："但他还有两个词。"因此，对他开展的治疗包括对想象和符号的重建，以此尽量减少这个孩子对现实的恐惧。

勒福尔重建其想象的努力，在于她始终用容忍的态度让罗伯特看到一个稳定、可靠的形象，即使罗伯特攻击她或对着她撒尿。当他受到挫折的时候，他会跑到窗口，向外哭喊："狼！狼！"照镜子时，他攻击镜中的"自己"，大声地哭喊："狼！狼！"勒福尔说："罗伯特在马桶上对我叫喊，然后爬上空床并且开始呻吟。我不得不过去，因为我应该是一个可靠的人。于是罗伯特可怜地将手伸出，这是咨询当中的第一次，他把他的手臂伸向我而且接受了我的安抚。"

在罗伯特对着窗口哭喊"狼"时，这个狼代表的是挫败所唤醒的坏母亲的形象，而照镜子时对自己叫喊"狼"，意味着孩子认同了这个坏母亲的形象，他看到自己时如同看到了这个如狼一般的威胁性的母亲。这里我们看到，这个孩子和母亲处于互易主义现象那种无法分辨彼此的镜像关系中。通过一定时期的工作，罗伯特把手臂伸出去以获得治疗师的安慰，这个举动意味着治疗师带来的非威胁性的镜像，让罗伯特得以重构一个良好的自我形象。勒福尔描述罗伯特的行为："罗伯特赤身裸体地面对着我，用双手捧起水举到平肩的高度，然后让水沿他的身体流下来。然后他又做了几次，并对我轻声细语地说——罗伯特、罗伯特。""然后他重复地用牛奶做上面的动作。当他触摸自己时，他说——罗伯特，然后他触摸我说——不是罗伯特。"拉康认为：健康发展的关键是孩子体验到自己是有他人爱的。痛的体验与不被爱的体验让孩子难以建构一个他能够栖居此中的身体形象。面对这样一个身体（不可爱和痛苦的）会导致孩子对符号世界的扭曲。有些时候，这些符号的扭曲和想象的扭曲一样显著。除此之外，身体形象的建构也是有问题的。"他会突然伸手出去抓一个物体但又未能抓住"，说明他的目光和距离的关系没有很好形成，也因此没有通过身体形象建构起自我、身体和外界的关系。

因此，罗伯特放弃用"狼"来代称自己之后，随即放弃了代表坏的狼的自我形象，接受了"罗伯特"的称谓。这意味着这个孩子开始创造良好的自我身份的时刻到来了。我们可以说，词语和符号的重组在想象中获得了进展。

通过这个个案，我们看到：母亲由于自己的危机而没有把爱和注意力放在这个孩子身上，造成罗伯特的原初自恋无法构建起来，也因此，他无法构成一个好的自我，没有认同镜子阶段本应认同的身体形象，反而认同了母亲带来的狼的威胁性形象。与此同时，孩子的符号我也因此扭曲为迫害性的"狼",而不是作为母亲孩子的"罗伯特"。

另外,我们在这里强调,当勒福尔在拉康研讨班上讲述这个个案的时候,拉康曾做出以下评论:"抓握的不协调——孩子会伸出手臂去抓一个物体,如果他的手错过这个物体,他无法当即纠正他的动作,而是不得不把手收回去,重新来抓。"[1]拉康抓住的这个细节,揭示了这个个案中,罗伯特对物体的控制并不依赖他的视觉能力,而是依赖他与这个物体的距离感,也就是说依赖的是身体知觉和运动觉的综合。但是,这么大的孩子抓控的协调其实有赖于他把身体概念化到这种综合中去,变成一种整体能力——想象性的身体形象作为自我,同身体的运作一同协调的整体能力。

在这个儿童个案的分析过程中,分析师通过纠正儿童的自我而改变了他的运动失调,借此证明了"严格的感觉功能和运动功能的成熟与主体的想象控制功能之间的关系"。[2]因此,罗伯特的抓握失调是一种镜像阶段的退行范式。这个阶段形象的缺失,导致身体协调功能的失败。这里重要的是身体的掌控与基于主体投射形象的自动合成物二者之间的关系。

事实上,通过这些案例我们看到,镜像阶段的关键作用就是,

---

[1] Lacan J. Les Écrits techniques de Freud [M]. Livre I (1953-1954). Paris: Seuil, 1975: 170.

[2] Lacan J. Les Écrits techniques de Freud [M]. Livre I (1953-1954). Paris: Seuil, 1975: 122.

在运动功能尚不协调的状态下,镜子返回给孩子的身体形象却是固定和稳定的,借由这一身体形象,孩子就可以沿着成熟轴线的预期发展。

两种镜子

第一种镜子是身体图式,它是控制我们知觉和运动觉的大脑皮层,发挥着镜子般的功能,协调我们如何移动四肢,如何通过感官来感受这个世界。第一面镜子是我们每个人生来就具备的。

第二种镜子是我们幼年时的照料者,这面镜子反射出的是我们的自我形象,也就是说,自我形象是后天形成,并非与生俱来的,并且照料者的混乱会导致孩子自我形象建构的失败。

当母亲没有把爱和注意力放在孩子身上时,孩子心中痛与不被爱的体验,让他难以构建一个能够栖居其中的身体形象,进而造成身体形象的紊乱(比如身材高大的神父认为自己身形矮小),甚至身体形象的彻底扭曲(比如狼孩认同了母亲带来的威胁性的狼的形象,只会用"狼"来称呼自己)。

破碎的镜像

前面一节我们提到，拉康的许多工作都针对从母子二元关系（想象界的前俄狄浦斯情结）转入父、母、子三元关系（符号界的俄狄浦斯情结）的过渡，这种过渡是精神分析理论中强调的。在这接下来的两节内容中，我们会分别提到镜子阶段和侵入情结，它们二者相互作用，是这个过渡中的两个关键阶段。这两个阶段的形成失败，会导致不同类型的精神病。所以我们分两节来分别阐述它们和不同精神病现象的关系。

这一节，我们主要讨论与镜子阶段相关的精神病经验，只有在必要的时候才援引与侵入情结相关的材料来予以说明。围绕镜子阶段构建的失败，尤其常见的是形象和外部对象关系的紊乱，这被法国精神病学家称为想象综合征。

想象综合征与镜子经验

法国精神病学家所谓的想象综合征一共有三种，由于这些综合征既涉及错觉[①]，也涉及身份层面的妄想[②]，所以也可以称为妄想综合征。第一种想象综合征是法国精神病学家约瑟夫·卡普格拉（Joseph Capgras）和莱波-拉休德（Reboul-Lachaud）在1923年描述的双重错觉综合征[③]，也被称为卡普格拉妄想综合征。这种综合征的病人会认为某人已被一个躯体不同的匿名骗子所取代，例如，患有这种病的人会认为，自己的爱人被一个具有同样外貌特征的人取代了。

卡普格拉和莱波-拉休德当时报告了一个女病人德里奥布兰科夫人。这个案例比较复杂，她在妄想中自称是名门望族，除了她自己被同样样貌的人所顶替，他人也被同样的形象所替换，这二者都是卡普格拉妄想综合征的表现。

这是一种想象性的精神病，它的主题带有夸大（病人认为自己具有王妃血统）和迫害的思想：德里奥布兰科夫人认为，自己的亲人进入地窖后消失了，而失踪的亲人被其他长相相似的人替

[①] 在精神病学中，错觉是指在特定条件下产生的对客观事物的歪曲知觉。精神病患者的错觉按各种不同的器官，可分为错听、错视、错嗅、错触，及内感受性错觉等。这里涉及的是视觉形象上的错觉。

[②] 在精神病学中，妄想是指在病态推理和判断基础上形成的一种病理性的、歪曲的信念。它的特征包括：妄想内容与事实不符，缺乏客观现实基础，但患者仍坚信不疑；妄想内容涉及患者本人，且与个人具有利害关系；妄想内容具有个体独特性，是个体的心理现象，并非集体信念；妄想内容与患者的文化背景和经历有关，且通常有浓厚的时代色彩。本节主要关涉的是身份相关的妄想，下一节则会涉及其他类型的妄想。

[③] Capgras J, Reboul-Lachaux J. L'illusion des « Sosies » dans un délire systématisé chronique [J]. Bulletin de la Société Clinique de Médecine Mentale, 1923 (11): 6-16.

代。这个病人很清楚她的亲戚、丈夫或女儿的形象，但她不认为她见到的人是她的亲戚、丈夫或女儿了。尽管她可以通过这些人物认出他们的形象来，但鉴于她认为这些亲密人物是替身，德里奥布兰科夫人于是在她的亲属关系中妄想出了8位名人，包括路易十世、印度女王、尤金妮公主、亨利四世（都是病人杜撰出的人物）等。当前这些形象的人作为替身，只是假扮了这些名人留在自己身边。病人利用了这8个不同的专有名词[①]来支撑她的身份。她还认为自己是一次绑架的受害者，在家里被一个穿着和她一样、长相和她相似的女人所取代，也就是说，她自己被禁闭在看护所，而不是在医院接受治疗。

她说："很久以来，我已经准备好了，有盖章的纸质证明、法警报告、身份证明，因此，医生，你们再拿我跟那个替身换是没有用的。"德里奥布兰科夫人写信描述自己，以证明她就是她自己。因此，她列出了与她的身体、她的伤疤或她的衣服有关的细节清单，并得出结论："毫无疑问，我是唯一拥有这些品质的人。"

在这个精彩的例子被报告的三年后，法国精神病学家库邦（P. Courbon）和法伊（G. Fail）于1927年在《临床精神医学会会刊》（*Bulletin de la Société Clinique de Médecine Mentale*）上发表了与双

[①] 专有名词是表示人、地方、事物等特有的名词。这个案例里出现的都是人名，但不排除在别的精神病现象中，病人可以透过其他类型的专有名词来构成妄想。

重错觉综合征相反的变身综合征[①],也被称为弗雷戈利（Fregoli）妄想综合征。这是第二种想象综合征。被用来命名这个综合征的莱奥波尔多·弗雷戈利（Leopoldo Fregoli）是一位意大利演员,他以善于模仿他人出名,能在舞台上迅速改变60多种外貌,不论男女。而在弗雷戈利妄想综合征患者的眼里,他会认为身边许许多多的人其实都是同一个人的伪装,因此这两位精神病学家以这位演员来命名这种综合征。最初发表的案例是一位27岁的女工,她称自己被一个著名女演员所迫害,该演员近年来到处跟着她,以各种面目出现在她的面前,有些是她认识的,如同事、雇主,有些则根本不认识,如路上偶然撞到她的陌生人。这位女工在入院之后,认为医院的医生、护士也是该演员的化身。

我们通过上述几个例子可以发现,弗雷戈利妄想综合征和卡普格拉妄想综合征是对象与形象分离的两种不同形式：在弗雷戈利妄想综合征中,在不同形象下,病人认出的始终是同一个对象（躯体）：比如被认为迫害女工的那个演员,不断变化形象,却是同一个人（形象在变换）。而在卡普格拉妄想综合征中病人认出的是同一个形象,很好识别,但却不是同一个对象——这个对象只是个替身,是形象上的类似者替换了本人（本人被替换）,比如德里奥布兰科夫人认为自己被绑架,而在自己家里面,跟自己长相相似的女人顶替了自己。

[①] Courbon P, Fail G. Syndrome d' "illusion de Frégoli" et schizophrénie [J]. Bulletin de la Société Clinique de Médecine Mentale, 1927.

如果理解了上述两种综合征的差异，那么库邦和涂思科（Tusques）在1932年描述的多变综合征[1]则是想象综合征的第三种，我们称之为"系统性误认"可能更为准确。这是一种更复杂的综合征，其中引起卡普格拉妄想综合征的元素和其他引起双重错觉综合征的元素混合在一起，最终导致形象和身份都不稳定。

例如，一位女患者提到她的母鸡已经被人换了；替换母鸡的人把两只大鸡替换为两只小鸡。这个病例在我看来，可以说它不是同一个对象，但它也不是同一个形象。她还说："我被迫在短短15分钟内看到3个像我儿子一样的男孩。"她唤起了相似的特征，但拒绝将他们认定为她的儿子："他们都不是我的儿子，因为他们取笑我，笑得像替换母鸡的那个快乐的人一样。"这个病人的眼中，她的丈夫改变了步伐，而且会做出她所认识的丈夫不会做出的表情，甚至她还提到："在一秒钟内，我的丈夫更高了，又或是更矮了……"

这里描述的内容，一方面唤起了小鸡替换大鸡或者儿子被替换的卡普格拉妄想综合征，另一方面，病人对她丈夫的评论让我们发现，她位于弗雷戈利妄想综合征的一边：因为丈夫的形象在变换——一会变高，一会变矮，行为表情也和平常不一致。

这种混合的多变综合征涉及形象和对象的双向变动，同时，这里的错觉影响的不是病人的形象，而是她的鸡、她的儿子、她

---

[1] Courbon P, Tusques J. Illusion d'intermétamorphose et de charme [J]. Annales Médico-Psychologiques, 1932: 401-405.

的丈夫。

在形象和对象的区分之后，我们进一步发现，这三种错觉症的紊乱可以出现在患者的自我身上，也可以出现在相关的对象身上——鸡、亲戚、儿子、丈夫。正是为了区别这里提到的三种综合征体现的差异，我们觉得区分"我并非他者"是很重要的精神功能。

实际上，弗洛伊德认为通过自我的形成，内外世界得到了区分：皮肤作为自我的边界，将外界和他者从自己这里区分出去。而在精神世界内部，自己身体的形象也会和他者的形象区分，双胞胎穿不同的衣服，或者生来具有微小的差异，这些都是自我镜像与他者形象不同的体现。在整个想象界理论的建构中，拉康强调自我的起源来自他者形象，但二者并不能因此等同起来。就像上面的临床案例展现的那样，等同意味着我的形象和他人形象可以混淆起来，病人由于这些紊乱，会产生自己或者身边人被人替代的迫害妄想，又或者会认为有人专门模仿自己的身边人（借此接近自己，进而迫害自己）。

因此，在正常发展的情况下，自我虽然源自他者的形象，但在镜子阶段完成后，个体完全可以在形象上区分自身形象和他者形象，并且随着自我的成长，个体仍然会认为自己属于一个符号我的身份。所以，我们讨论病理学问题想强调的是，和拉康经常引用的兰波的诗句"我是个他者"相反——我并非他者（我的形象和他人的形象不能混同）。

弗洛伊德在《自我与本我》中这样说道："一个人自己的身体，首先是它的外表，是外部知觉和内部知觉皆可由此产生的一个地方。这一点可以像任何其他对象一样地被看到，但它把两种感觉让给了触觉，其中一个相当于一种内部知觉。心理生理学已全面讨论身体以此在知觉的其他对象中获得其特定位置的方式。痛苦似乎在这个过程中也起作用，我们在病痛期间借以获得的关于我们器官的新知识的方式，或许就是我们一般据以获得身体观念的一种典型方法。自我首先是一个身体的自我；它不仅是一个表面的实体，而且它本身还是一种表面的投射。"[1]

在弗洛伊德的这段讨论中，其实我们还需要注意到，自我的形成也意味着以身体作为边界，构成了对象和他者的概念。对象和他者也牵涉到作为形象或者知觉的表象进入记忆系统，潜在地作为自我可能认同的部分。而且对于拉康来说，为了离开想象的捕获，孩子"从自映的我转向社会的我"[2]时，才开始朝自我本质

---

[1] 弗洛伊德.自我与本我 [M]//车文博.弗洛伊德文集：第6卷.长春：长春出版社，2001：127.

[2] 拉康.拉康文集 [M].褚孝泉，译.上海：上海三联出版社，2001：94.

拉康在这里提到的社会我中的"我"和自映的我的"我"的原文都是法语Je，即主语的我、符号的我，而不是对象的自我（moi）。前面已经提到，镜子阶段映照的过程形成了符号我，以及随后才有客体化的自我。进一步来讲，这里提到的自映的我，就是指这个镜子阶段的符号我，而社会我则是俄狄浦斯情结完成之后的我，主体已经从家庭亲缘关系的法则进入社会的契约关系中。随着符号我进入社会我（可以简单地说，后者是符号我的成熟部分），自我也会随着这一社会化而得到更好的发展。这一部分的内容，会在本章最后一节以及下一章"法则的父亲"中详细论述。

的方向发展。

然而，自我建构在镜子阶段的正常结果是：作为想象，镜子阶段的体验创造出前文提到的身体及其形象构成的双重存在。在这种双重存在中，自我和他者又在镜像关系中相互作用、相互对立。

儿童期望在镜像上寻求与自身的认同，但这种认同在某种意义上，是与外界的类似他者的认同。这种捕获了自我的他者具有一种特权——这是以他者为标准开展的认同。从其根源来看，自我一开始本是个他人，而且自我只能是想象关系中的一方——只能是自我与他人关系中的自我，除此之外，根本不存在所谓纯粹独立存在的自我。甚至可以这样说：没有他人，就没有自我。因此，拉康提到了"我是他者"的论断。然而，源自他者甚至希望替代他者，意味着形象的内化——内化为自我的一部分，但这并不意味着自我和他者因此混同。简单地说，透过这一过程，自我形象和他者的形象呈现了统一性和差异性，并彼此永远捆绑在一起。我们可以表示为图1-3：

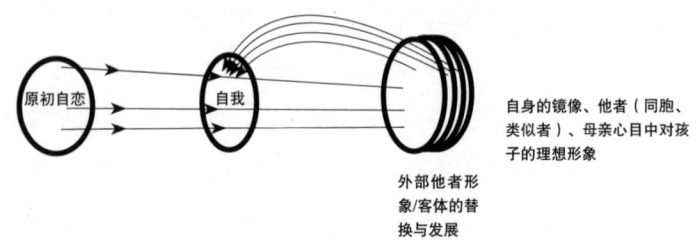

图1-3 理想自我的继发认同的内摄过程

图中表达了儿童在镜子阶段前后，发生在符号和想象两个层面的建构。上面这层是母亲的目光和声音下，对语言的传递和"符号我"的建构，下面这层是在这个过程中建立的自我的不同机构。因而，自身的镜像、类似者到母亲心中的理想形象构成理想自我的继发认同。不过，如果这些认同建立的过程中，导致固着在发生互易主义现象的时期，就会如同上述的想象综合征那样，出现专有名词、形象和对象的紊乱。通过这个图示，我们也看到，想象的机构（自我和理想自我）是多么容易和他者形象混同。[1]

---

[1] 实际上，拉康自己就对这一过程的不稳定有专门的讨论："这是一场摇摆不定的运动，一个人与另一个人交换，并将自己体验为身体，作为身体的一种形式。对于食欲和欲望的最初的冲动，是通过人类所看到的一种形象的投射形式来调解的，这个形象外在于主体，首先是他自己反射的镜像，然后是他者反射的镜像。"

Lacan J. Le Séminaire Livre V: Les formations de l'inconscient [M]. Paris: Seuil, 1998: 228.

人格分裂或符号身份的紊乱

在镜子阶段，拉康强调最初形成的是符号我，这是一个符号身份，因为它对应我们的名字（从小名到身份证上的正式称谓）、家庭谱系中的位置（如谁的儿子/女儿），这个符号身份带领我们进入家庭与社会的网络中。符号身份因此就是我们的人名，但是，人名和个体也可能在精神病人身上出现紊乱，并且诱发其他相关的妄想，导致出现人格分裂或者也可以称为符号身份紊乱的情况。

回到卡普格拉报告的女病人德里奥布兰科夫人——她认为自己是名门望族，而且也因此有8个出自名门的人物作为亲属，支撑她的这一身份。这里可以发现，这一夸大的妄想是和符号身份的紊乱相联系的。

我的前同事小安在她的书《我们这儿是精神病院》中引用过一个女性妄想病人李笑分的故事。她写给院长的信中，展现了她跟父亲有关的一系列身份妄想，我们引用这封信的片段来进一步说明："我是十五病区女病人，是1988年3月11日由丝绸厂医务室被送入院的，是路科长派汽车和医生送我住第一次院……我现在住九九医院，因为不想连累姊妹，就和年轻男病人交朋友，久病成医了。我天天去护理他们。我爱人黎北根不给我零花钱，他还做怪相，说自己是周扒皮。我成了高玉宝。受他的迫害。请院长打开大门让我走出去……我父亲李容，李灰明，李青海，李梦影，1906—1976年，七十岁去世，他是全国人民要找的，中国地下党的领袖人物,叶挺二十四师的党代表。我是他亲自接生的大女儿。"[1]这里提到的高玉宝是中国知名作家、中共党员,这位女患者因为丈夫把自己送入院而出现了高玉宝的替身身份,自己父亲出现多个身份,并且都是地下党领袖。

如何理解这些夸大妄想身份背后的机制呢?下面我们通过三部电影作为案例来进行讨论,以便了解自我形象和他者形象是如何捆绑在一起,并且构成想象的张力和侵凌性的。

我们先来看看1999年大卫·芬奇执导的经典电影《搏击俱乐部》(*Fight Club*)。杰克是一家汽车公司的职员,患有严重的失眠症,对周围的一切充满敌意和憎恨。一个偶然的机会,杰克遇上了卖肥皂的商人泰勒——一个叛逆、残酷和暴烈的痞子英雄,并因为自己公寓失火而住进了泰勒破旧不堪的家中。两人因缘际会地成为好朋友,并创立了"搏击俱乐部":一个让人们不戴护具徒手搏击,旨在发泄情绪的地下组织。

俱乐部吸引了越来越多的人,逐渐发展成为一个全国性的地下组织,而泰勒也以自己个人的魅力,吸引着那些盲目的信徒。俱乐部成员到处滋事打架、大肆破坏,泰勒本人的行为也越来越疯狂。

杰克对于"搏击俱乐部"的现状及泰勒的行为越来越无法忍受,和泰勒发生争执,泰勒离开了他。然而杰克发现,他走到何

---

[1] 小安. 我们这儿是精神病院 [M]. 桂林:广西师大出版社,2013:49—50.

处都无法摆脱泰勒的影子，他开始思考：我到底是谁？

最后，在一次他俩打斗的过程中，他惊恐地发现，自己就是泰勒，泰勒是杰克人性的另一面，杰克和泰勒是彼此的影子和幻象。认识到真相的杰克向警方自首，而泰勒作为幻觉人物尾随其后。影片末尾，在两人扭打的过程中，泰勒的枪自然而神奇地跑到了杰克的手里。杰克打不中泰勒，于是把枪对准了自己，但枪一响，杰克发现打人者变成了泰勒，他变成了一股烟。

电影告诉我们，杰克的父亲在他6岁的时候离开了他，他是在一个缺少父爱的环境下长大的，成长中缺少一个坚强的男人关心、指引和鼓励他。他也许也明白父亲并不喜欢他，因此他提到，自己最想打的人就是自己的父亲。

这部电影不仅说明符号我可以分为两个身份（杰克和泰勒），而且这两个身份还具有各自的人格和形象——其中一个以幻觉形式出现，并不被认为是另一个自己。在这里，理想的他者形象——父亲——以镜像的泰勒的形态出现，并且占据了杰克的理想自我的位置。因此，两人最终演变为相互攻击的关系。

身份紊乱、想象综合征与互易主义现象

如果说，早年父亲被剥夺的创伤是《搏击俱乐部》中杰克精神崩溃、符号身份分裂并退回到想象世界的原因的话，下面的例子则更多展现了符号身份与人格分裂同个人早年与早年母亲的关系。

恐怖悬疑电影《致命ID》（*Identity*）展现了一个漆黑的夜晚，在一片无边无际的沙漠荒原，一场肆虐的暴风雨将一座汽车旅馆与外界完全隔离，道路不通，通信中断。

11个此前相互之间完全不了解的陌生人，被迫聚集在这个摇摇欲坠的破汽车旅馆中。拉里·华盛顿是这家汽车旅馆的老板，他的举止异常，似乎潜藏着很多秘密。随着电影的展开，旅馆里发生了各种惊悚的杀人事件，但观众最终发现，原来这些只是电影开头被医生开车送走的精神病人的人格分裂的经历而已。每个形象和每个名字，都代表他过去经历中自己的某个部分，或者母亲的某个特征。

电影开头，精神病医生交代这个精神病人的母亲是个妓女，而很快，镜头就切换到另一个跟旅馆相关的场景，叙事围绕这条线开展：最初让大家聚到这个与世隔离的汽车旅馆的始作俑者，就是一个年轻的妓女（代表年轻时作为妓女的母亲），名叫帕瑞斯·内华达。她开车时车子熄火，走路时高跟鞋坏了，于是她就地丢掉。而这双高跟鞋导致另一辆经过的汽车爆胎，车上的艾莉丝和丈夫乔治、儿子提姆西下来检查时，艾莉丝被送女影星卡洛琳·苏珊的私家车撞到，女明星让司机（原为警察）逃逸以便赶去片场，但司机拒绝，他选择跟随乔治一家开车前往医院救人。

司机在驾车去找医生的途中遇见了车熄火的妓女。妓女向司机求助，两人同乘后，司机的车也陷入路边水坑，两人又向黄发夫妻求助。但此时前方道路已走不通，于是这6个人都驾车来到汽车旅馆。

这个旅馆中已经住着一对新人夫妻,不久又有一个警察押着一个犯人开车到来。至此,包括旅馆老板一共11个人到齐。

原来,这11个人物都是电影开头的精神病人(下文称为"胖子")分裂的人格,所有场景都是胖子在去监狱途中由于服了药物而出现的幻觉。胖子幼年时经常被家暴,留下心理阴影,导致了他的精神分裂,也就是多重人格。

医生们正在对胖子进行药物治疗,在这个过程中,胖子的所有人格都会出现并产生冲突。但幻境中产生的杀戮使得多重人格减少,以此达到治疗的目的。所以影片中发生的种种,其实都是胖子精神世界里的屠杀。

第一个死的是女明星。她趾高气扬,要住最好的房间。这代表的是胖子人格中的母亲势利、傲慢的部分人格。

第二个和第六个分别是新婚的丈夫和妻子。妻子怀疑丈夫出轨,假装怀孕欺骗丈夫。这代表的是胖子父母之间的不和与争执。

第三个是警车押来的罪犯,代表的是胖子外在体现的恶的那一面。

第四个是父亲乔治。父亲为救自己的孩子提姆西而被车撞死,是胖子想象的慈爱的父亲形象。

第五个是母亲艾莉丝。这个母亲为了保护孩子在影片一开头被车撞到,她是胖子渴望的美好的母亲形象。

第七个是旅馆老板拉里。老板贪财,但是为了保护妓女,也能作为一个男人挺身而出。有镜头显示，他曾匆忙将旅馆老板真实的照片藏在抽屉里，这表明他根本不是真正的旅馆老板，真正的老板已死。拉里非常贪财，是个小人，女明星死后，他偷了对方的钱包。

第八和第九个人是同时死的——司机与押犯人的警察同归于尽。司机是善人格里面最强大的，也是胖子最想成为的人格类型。司机死之前，发现11个人身份证上的生日都是同一天，这时观众才知道，这一切都是胖子的幻境。

最后一个死的是好心带着提姆西逃出去的妓女，她死于提姆西之手。

这个故事涉及主角胖子内在不同时期的自我形象和父母形象的分裂，对应不同的身份。他们应该都源自胖子早年遭遇的不同时期的记忆。通过电影给出的内容，我们可以找到对应精神病人早年事件的，有如下几个：新婚燕尔却矛盾重重的年轻父母、妓女母亲、傲慢的明星母亲、保护孩子的慈父和慈母，以及由此带来的自己固化的邪恶儿童期人格（提姆西）。我们在这里回到图1-3，来说明在理想自我上方"母亲带入的符号位置"的意义。这里实际代表着早年照料者的母亲通过话语来给主体引入多种符号我身份（好孩子、好学生、好丈夫等）的过程。在《致命ID》中，母亲作为妓女、说谎者，本身属于社会边缘的坏身份。她导致家庭离异，无法给她的孩子带来安全感（如同狼孩身上出现的情况），因此，跟她相关的符号我的部分也是破碎的，这导致了孩子身份的分裂。

———

从《致命ID》这部电影的例子中，我们可以看到，符号身份的紊乱——ID的紊乱，也会让个体退回到想象的你死我活的侵凌世界中。在2009年的法国电影《不要回头》(*Ne Te Retourne Pas*)中，这个跟母亲相关的紊乱的原因，展现得更为清晰。

在《不要回头》中，女主角（开篇以珍妮身份出场）由于车祸引起记忆和幻想的混淆。她是居住在法国的一名女作家，和丈夫迪奥共同经营一个幸福美满的四口之家。但是近一段时间，女主角却感到令人难以承受的压力。客户的要求让她无法随心所欲地写作。渐渐地，珍妮发现周遭的一切开始发生变化，房间、丈夫、儿女甚至她自己的容貌都让她备感陌生。珍妮的歇斯底里使家中的欢乐荡然无存，她和丈夫的婚姻也走到尽头。

某天，女主角的容貌完全发生改变，变成了一个拥有一头黑发、大眼明眸的意大利女子。她偶然在母亲的住所看到一张相片上有对母女，于是启程前往意大利，寻找自己真正的本源归宿。

然而事实让她震惊。原来，小时候的她被法国养母收养，不幸的是，养母的女儿珍妮在一场车祸中去世，玛利亚（女主的真实身份）也在这场车祸里失忆了。她在养母住所看到的照片，是生母和自己小时候的照片。女主实际的身份是玛利亚，但她一直作为珍妮活着，并结婚生子。直到她想要写一部关于自己童年的自传体小说时，那些失去的记忆才渐渐复活，因此让女主觉得周围的一切极不自然。倔强的她跑去意大利认亲，生母一家却拒绝相认，原因在于珍妮本是一个已然死去的人物，自传体回忆中出现的被误认为是珍妮小时候的黑发小女孩，其实就是玛利亚小时候。因为母亲抛弃了她，她嫉妒珍妮，而且为了得到养母的爱，就以珍妮的身份活着，占据了后者的位置。作为一个作家，在她希望追溯过去的时候，创伤的过去被唤醒，导致她精神病发作，自己的形象变成了珍妮，丈夫的形象也变成了当年车祸中同时死去的男性形象。

这里出现的替身综合征和创伤性的记忆联系着，电影中女主精神病发作是因为在召唤过去的同时，符号身份的断裂被唤起[1]，进而导致想象形象的紊乱。

---

[1] 见第二章第二节关于符号界父之名被除权这一概念。

镜像的爱与侵凌

在上一节开头,我们提到从母子二元关系(想象界的前俄狄浦斯情结)转入到父、母、子三元关系(符号界的俄狄浦斯情结),主体认同父亲,是自映的我最后形成进入社会我这一转变的关键。

这个过程中,如果母亲的功能失败,镜子阶段因为自映形成的符号我是无法稳固的,这些符号我的身份可能导致紊乱,使得主体进入精神病的世界,就和想象界会出现的三种综合征一样。

然而,即便母亲的功能完整,在这个从二元关系进入三元关系的过渡过程中,除了镜子阶段,同时期的侵入情结也是非常重要的。

侵入情结指的是,儿童与某位相似者构成的充满想象的镜像替代关系的情结。这是嫉妒这种核心情感产生的地方。这个情结如果构成失败,由于和镜子阶段重叠,也会引发某些严重的精神病。

上一节中,我们从形象和对象的关系紊乱导致的想象综合征出发,进而讨论了符号身份(我的身份或者他者的身份)紊乱引发的各种身份妄想。如果说,这部分内容让我们看到,这类紊乱和互易主义现象、母亲的功能不无关系,并且侵凌性和嫉妒在这里构成妄想的基础,那么,侵入情结则是和下文的各种妄想症联系着的。

儿童心理学家观察到,即便经历正常母亲的照料,儿童仍会出现互易主义现象。并且在这个基础上我们已经得知,在互易主义现象中,自我的形象总是先和自己相似的那些儿童的形象混淆。拉康后来称这些相似者为"想象界的他者"。那么,几乎与镜子阶段处于同时期的侵入情结(即从断奶成功后到俄狄浦斯情结之前的时期),是怎样对自我发挥作用的呢?

为了弄清这个问题,在拉康的第一本《研讨班:弗洛伊德技术论文》(*Les Écrits techniques de Freud*)中,拉康对儿童与相似者之间的关系问题进行了反思[①]。由于孩子与他迷恋的他者形象发生了自恋性的认同,这样的他者形象就处于对自我的支配性位置上。假设一个孩子看到他的小弟弟正在吮吸母亲的乳房,那么正是在另一个人(这个支配性的弟弟)的形象中,孩子才能找到自己的位置,认清自己的欲望——希望独自占有母亲。这种认识的发生,是因为这个个体与他者互相认同时,他的欲望就会表现为他者的欲望,他者的欲望(吮吸母亲的乳房)在自我这里,就被这种替代他者的侵凌性所强化。我们再度看到侵凌性在这个认同过程中的作用——自我就是要取代他者的位置。

在儿童成长的过程中,这种取代他者位置的动力过程,由于

[①] Lacan J. Les Écrits techniques de Freud [M]. Livre I (1953-1954). Paris: Seuil, 1975: 93.

某个或某些类似者（包括兄弟姐妹）的出现，在一定时期会持续发挥作用，因此儿童在这一时期的心理发展和感情纠葛，被称为侵入情结，它尤其出现在手足关系中，因此也可被称为手足情结。

从时间顺序上来说，实际上，最初的、困惑的欲望体现在新生儿的哭声中，正是在他者（这时候是作为照料者的母亲）认识这个哭声，对这个哭声进行解释和回应的过程中，婴儿才反向地出现了欲望。毕竟母亲可以将他的哭泣解释为孤独、恐惧，也可以是对母亲喂奶的呼唤，或是拉大小便后的不舒服。这是进行原初照料的母亲引入的事物。而如果这个阶段更多是被动的，那么，儿童在镜子阶段形成自我的原型之后就会更加主动，互易主义现象就是从被动转入主动的一个典型现象。此刻，出现了拉康提到自我身份的摇摆不定。①这是因为理想自我一直透过类似的他者来构建，但由于自我的镜像特质，这个构建又必然会围绕身体形象才能完成，如果顺利的话，他者的欲望就会在这些过程中铭刻在身体形象上。也就是说，最初的欲望是通过吮吸母乳而浮现的联系于口腔的欲望；接着，由于母亲强制引入的排便规则，与肛门和尿道联系的欲望展现出来；最终，通过他者或好或坏的形象，与目光相关的欲望（即理想自我）被引入了。这个过程中，就让

---

① 在前文"想象综合征与镜子经验"中，我们曾对这种摇摆不定做过介绍。

他者的欲望铭刻在身体形象上了。[①]

实际上，通过参考这个镜像的他者，欲望的问题被提了出来。我们会观察到，随着孩子通过镜像进入与"想象界的他者"的关系（从最初的母亲到其他的他者：同龄的类似者、兄弟姐妹、双胞胎的另一方），孩子开始不断考虑欲望这个问题。如果顺利的话，随着侵入情结的建构，母亲不再单纯地作为最原始的想象他者存在，她的地位被提升，她的欲望得到关注，孩子进而在母亲的欲望下，一方面喜欢自己的类似者作为朋友、作为自己的镜像，另一方面也作为入侵者，竞争着母亲欲望的对象的位置。

然而，由于母亲的欲望是文明的产物，也是符号性的，母亲作为孩子母语的主要传递者，会在孩子习得语言的过程中，同时把符号的身份传递给孩子，因此她开始承担一定的符号功能——拉康称之为"符号的母亲"。随着这种传递，符号我随着母亲的期望而使得孩子开始构建出符号的身份：要做好孩子，要干净，要礼貌，要获得奖状等。在前面狼孩的个案中，治疗师勒福尔起到了符号母亲的作用，帮助狼孩接受好孩子、罗伯特这样的符号我的身份。从理论上讲，这个符号我会发展到社会我，直到父亲的介入而完

[①] 由于断奶情结的内容没有在这里讨论，我们没有过多发展母亲作为原初的实在对象的功能，也没有发展她作为原初的想象他者的功能（毕竟母亲作为原初照料者，先于各种类似者，引入了最初的形象）。所以，这里不只是有类似者的他者的欲望，还有更早的作为他者的母亲的欲望问题。不过，后者由于牵涉到实在界的冲动、大他者的享乐、想象的阳具及其阉割等问题，我们这里完全不予讨论。

成建构。

回到侵入情结,我们想弄清的是,想象的功能在人类这里是如何通过这一情结而更密切地同侵凌性联系在一起的。互易主义现象中,自我要侵占他人的位置,欲望问题被摆在主体这里。但是随着侵入情结,兄弟姐妹、类似年龄的孩子会持续地强化这种侵凌性。实际上,只要想想人类的嫉妒和动物的嫉妒存在怎样的本质差异,就能看出这一点。动物只与地盘内对食物和权力构成威胁的其他入侵者进行争斗,而人类的嫉妒则要强烈许多。这是人类婴幼儿因为对镜像的依赖(从互易主义现象到侵入情结)而建立起的独有的竞争关系:人类毕竟要到18岁甚至更晚才离开家庭的保护独立生活,但早年,在这种父母保护下的竞争却一直在上演,或者说一直处在准备中——可以让人类个体进入妄想的世界,觉得迫害自己的人如影随形。即便随着语言符号的引入,人类个体对想象界的互易混淆和迫害部分进行了调理,但因为符号和语言,人类成为一个共同体,有别于动物。嫉妒、因占有而产生的暴行对于野心家而言,可以通过建立和扩张帝国来完成,人们甚至想把战争引入外太空。

很多长篇小说和电视剧以手足竞争为主题,来引发对整个剧情的演绎。[1]由此可见,这种嫉妒在人类命运的悲剧中经常扮演非常重要的角色,它也可以在想象中就造就致死的敌意,并且消灭这个想象的他者。例如,《旧约·创世记》中记载,亚当和夏娃有两个儿子,老大该隐,老二亚伯,该隐种田,亚伯牧羊。因为嫉妒弟弟的献祭得到了上帝的青睐,自己的献祭被忽视,该隐杀害了亚伯。中国历史上,大家熟知的"七步诗"背后也有手足相残的故事。

妄想狂的机制

在精神病学中,妄想狂又称妄想性障碍,这是一种精神病学诊断,指抱有一个或多个怪诞性的妄想,同时不存在任何其他精神病症状。与和身份或者形象相关的精神病现象不同,这些怪诞

---

[1] 很多读者应该或多或少对下面这些例子感到熟悉:金庸的小说《天龙八部》中,大理国镇南王段正淳和宿敌"四大恶人"中的段延庆手足相残;在另一部金庸小说《笑傲江湖》中,华山派手足相残,剑宗只剩下风清扬一人,之后各派相互争夺武林盟主的地位,尽显人性的善恶无常;黑泽明执导的经典电影《乱》以莎士比亚的《李尔王》为灵感,讲述了日本战国时期一文字家族(虚构)因三个儿子自相残杀而走向灭亡的故事;2011年播出的历史剧《波吉亚家族》中,臭名昭著的波吉亚家族上演了乔瓦尼·波吉亚和凯撒·波吉亚兄弟相残的剧情;同样,2011年开播的长达8季的《权力的游戏》中,有凯岩城的两个继承人乔佛里·拜拉席恩和托曼·拜拉席恩兄弟之争,姐姐瑟曦·兰尼斯特对弟弟小恶魔提利昂·兰尼斯特的鄙视、踩躏和竞争;1980年电视剧《上海滩》中,结拜兄弟许文强和丁力的爱恨情仇,1999年商战剧《创世纪》中地产商的两个儿子叶荣添和叶荣泽的复杂关系,无不尽显手足相残时,兄弟二人都要置对方于死地的残酷。

妄想更多集中在跟他者的关系上。

拉康早在《家庭情结》中，就通过侵入情结来讨论妄想狂的一些机制。

> 妄想症与手足情结的联系可以从亲子关系、篡夺和掠夺等主题的高频率中显示出来，就如同它的自恋结构在最为偏执的各种主题——侵犯、影响、人格分裂、替身以及各种与身体相关的所有妄想性蜕变——上显示出来的那样。
>
> 这些联系解释了这样一个事实：在没有父亲的情况下，母亲和兄弟姐妹构成的家庭群体会呈现出一种心理情结，在这种情结下，现实往往保持在想象的水平上。临床经验表明，实际上以这种方式组成的团体容易导致孩子成长为精神病的个体，并且在大多数情况下发现它处于一种二联性精神病[1]的情势中。[2]

这两段话中，拉康提到的人格分裂、替身和身体相关的所有的妄想性嬗变，是上一小节的主要内容，而侵犯和影响的妄想，则是下文希望专门论述的主题。

---

[1] 二联性精神病：由情感关系十分密切的两个人或者多个人共有的妄想障碍。在这些人中，只有一人有真正的精神病性障碍，其他人的妄想因感应而产生，分开后妄想就会消失。

[2] Lacan J. Autre Écrits [M]. Paris: Seuil. 2001: 45.

拉康派的精神分析家维尔汉斯（Waelhens）曾报告过这样一个案例，它能够很好地帮助我们理解自身欲望和他者欲望的混淆不清。

> 病人T是一个年轻人，22岁，被一家大型建筑公司雇用。他自愿来咨询是因为他期望医生能够给他开一些药，以获得心理能量来面对他正在经历的迫害，而他正处于要屈服于这种迫害的关键时刻。他强调说，如果不能得到帮助的话，他也可能会杀死迫害者而不是屈服于他。
>
> 一切都开始于他来咨询的8个月前。那时他是一名教会唱诗班成员，恰好教堂有一个风琴弹奏者的位置空缺，病人准备申请该职位。他说："我有权利演奏。"但是牧师完全不考虑他，因为显而易见，他不会演奏风琴或其他乐器。病人的自命不凡很让我们吃惊，他说："我准备开始学演奏，因为我有权弹这个琴。"除了他自称有权以外，别无其他的依据了。他因没有得到这个职位而感到十分愤怒，于是离开了唱诗班。但是这并没有给他带来好运。几周以后，他注意到周围人对他的态度都很"奇怪"。他渐渐产生这样一个观念：牧师暗中发起了一场运动与他作对。很明显，他从上校的脸上可以读到（他那个时候在服兵役），牧师每天会多次打电话给上校，败坏他在军队的名声。当然，这些事没有人对他

说过，他也没有听说过任何细节。然而很清楚、很确定的是，牧师在到处败坏他的名声，而且还很有效。经过一段沉默中的忍耐之后，他决定返回唱诗班，希望用这种方式来抵抗牧师的迫害。

然后，他每个星期六花400法郎来款待唱诗班的成员。但是这也没有什么结果，反而使他更加失望。牧师显然变本加厉、日日夜夜地迫害他，以至于整个教区都用冒犯性的语言来谈论他。他成了大家谈论的唯一话题。在讲到这一点时，他突然中断并直接对治疗师说："教授，我给你总结一下所有这一切，整个事件的核心在于这个牧师总在对付我。"治疗师指出，他总结了一切，唯一没有提到的是他是否会弹奏教堂风琴。他没有对治疗师的评论做出反应。之后，治疗师想进一步了解这个牧师究竟对他说了些什么，他则完全忽略此事，所以治疗师仍旧不知道这个病人是否真正想弹琴，还是说在病人看来，真相令他感到如此羞辱，以至于他不想对治疗师重复。治疗师问他，这是否与他对教会的一些女性成员的态度有关，病人以一种傲慢的姿态回答，他还不准备结婚。

到了这里，纵观病人的各种表现，如治疗师预期的那样，自己无法从那些询问获得的线索中找到任何有价值的内容。而当治疗师继续追问时，病人只是简要地回答说:"你知道,牧师总是要发明一些新东西。"①

这个案例显示了病人拒绝接受牧师的规则,而只是希望个人的欲望得到满足。在无法得到满足之后,拒绝他的人就成为迫害者;他希望对抗牧师,这种愿望却变成了牧师在处处针对他的妄想;在治疗过程中也是如此,当被问及他对女性成员的态度时,他立马否认自己想结婚,似乎是女性成员希望跟他结婚,而背后则是他对女性成员有性幻想。当治疗师继续追问这里的线索时,他并不回答线索,只是声明牧师在用新的方式针对自己,所以自己找不到明确的线索。因此,当自我被挫败时,患者幻想他者(这里是牧师)在针对自己,但这些针对患者的具体内容则是患者自己想出来的。为什么体现为这些内容呢?是病人从牧师的角度看待牧师可能对他做出的事情,这些内容一定程度上总是带着病人过往关系的影子:比如败坏他的名声的话、冒犯他的话,也许来自他自己的兄弟曾经侮辱过他的话,甚至可能是他侮辱自己兄弟使用过的。这里我们可以再度看到互易主义现象的类似性:一个孩子打了弗朗索瓦兹,却认为是弗朗索瓦兹打了他。

维尔汉斯还提到一个女妄想狂的案例,这个例子也是把他者镜像作为自身形象的绝佳代表。

---

① 威尔汉斯,埃克.现象学和拉康论精神分裂症:在脑研究十年之后[M].胡冰霜,王颖,译.成都:四川大学出版社,2011:243—244.

T女士称自己是一个女邻居罪恶行为的受害者，困扰她的那个女邻居"偷了"她的丈夫。她的丈夫每天早上6点出门去乘火车，而T女士向我们肯定地表示，她丈夫其实是悄悄地与那个女邻居（即T女士假想的敌人）待了1个小时后，7点才离开去乘火车。

T女士能证明这是事实吗？不能。早上6点时，她丈夫离家朝火车站走去，但T女士认为丈夫假装朝火车站走去，实际上是在夜幕下又走回来与那个女邻居相见。对此，T女士有什么证据吗？没有，但是她声称拥有所有的证据，例如，有一次她朝这位邻居的窗户看时——然而，T女士经常做这样的事——发现上午10点，这位女邻居的胸衣"仍然放在"厨房的桌子上。医生对T女士说，这也不能证明这件胸衣4小时前就在那里，更不能说明那个女邻居因此就对她的丈夫感兴趣。然而，她对此不屑一顾地笑着答道："你太天真了！显然你对女人不懂！"[1]

显然，T女士对丈夫有所怀疑，也许丈夫的某些举动让她产生了失落感。但她镜像地发现了一个女邻居，并把她作为自己的怀疑目标，让她承担丈夫让自己失望的原因。我们可以对此解读为：不是我无法满足丈夫，于是丈夫冷落我，而是有他者诱惑了丈夫。

---

[1] 威尔汉斯，埃克.现象学和拉康论精神分裂症：在脑研究十年之后[M].胡冰霜，王颖，译.成都：四川大学出版社，2011:141—142.

爱梅个案与自我理想的病理学

如果自我和他者不管在名字、形象还是欲望上，都可能出现精神病性的紊乱，那么，要完成"我并非他者"的这种区分，需要怎样的建构才能实现呢？或者换个问法，如前文所言，社会我是如何形成，以便自我可以完成它的建构呢？

在拉康的精神分析理论中，在侵入情结之后，随着俄狄浦斯情结的来临，主体的欲望围绕母亲和父亲的欲望及其对象的关系来建构，最终会形成自我理想的符号身份认同，作为想象世界的仲裁。至此，主体接受阉割，社会我得到充分发展。因此，符号结束了想象的入侵，并帮助自我完成了最后的发展。继发自恋完成了它最终的发展，即将自恋限定在社会我可以接受的范畴内。那一刻，儿童停止看镜子中自己的倒影，并开始将他者视为自我想象的参考范围、自我或理想自我的组成，作为自我想象出的对手。然而，这个过程并非一蹴而就。

精神分析的经验告诉我们，最初的镜像自我总是扮演理想自我的原型角色，不仅仅是联系着符号我，还有一些主要的能指，由符号母亲带给孩子。对镜子阶段的三个时刻的讨论，已经让我们清晰理解了这个过程。然而与此同时，原型的自我和继发认同的理想自我，将随着个人经验而不断演变，并且随着侵入情结和俄狄浦斯情结而进一步发展。

弗洛伊德认为，根据新经验，根据后续的发展，原有的精神元素（经验、印象、形象、能指、记忆痕迹等）均可以被修改。因此，时间顺序上靠前的元素可能因为事后加入的元素而获得一个新意义，以及一个精神效果。这被称为事后性。他还举了"事后效应"的案例：一个孩子早年目击了一次性行为，他不知道其意义，但这种经验会在后来对他发生创伤性的影响。设想一下，当他长到性成熟期，偶然看到了与那一次类似的情景，于是他重新解释早年那次情景，并理解了其对他的真正含义。从这个案例得出的结论是："事后的再评估是由后来的事件和情境引起的，或者由于器质性的成熟让这个个体理解到新的意义，并因此而改写了他的旧的体验。"①

因此我们可以说，在自映的我向社会的我发展的过程中，自我本质的东西随着事后加入的内容逐渐发展起来，才得到最终的就位。我们不是从镜子、我们自己的形象或镜子时刻得到我们的自我；我们在社会上得到它。拉康是如此叙述的："通过将相似者确认在意象上，通过原生嫉妒的悲剧……镜子阶段完成的这个转换时期开创了一个辩证过程，在这个过程中我就与社会上展开的情景相联系上了。"②

---

① Laplanche J, Pontalis J. Vocabulaire de la psychanalyse [M]. Paris: PUF, 1967: 33.
② 拉康. 拉康文集 [M]. 褚孝泉，译. 上海：上海三联出版社，2001: 94.
实际上，随着理论的构建，拉康一直在进一步发展自我的理论，例如在第9个《讨论班》"认同"（Identification）对笛卡尔我思的讨论中，直到第23个《讨论班》"圣状"（Sinthome）。

我们看到，前文提及的拉康的这些早期理论工作，从家庭情结的研究、侵凌性的探讨，到镜子阶段的理论建构，拉康都在试图处理弗洛伊德的自恋和自我等议题。然而在这些研究文献之前，即在他的博士论文时期，也就是1932年他对爱梅个案进行研究之际，拉康依靠弗洛伊德1922年写的一篇文章《嫉妒、妄想狂和同性恋的神经症机制》（Über einige neurotische Mechanismen bei Eifersucht, Paranoia und Homosexualität）对这个个案进行了深入分析。正是在这里，我们发现拉康找到了上述关于如何发展出社会我这一观点的最初答案。我们下面就来看看这个著名的个案。

> 爱梅，未满38岁，出生于R.的一个农村家庭。在193×年4月的一天晚上，她意图刺杀巴黎公众好评如潮的女演员Z夫人，刺杀未遂之后她被警察拘捕。在警察局中，她拒不解释她的行为。在询问过程中，她的回答是连贯的，但其谈吐却显得不连贯。她认为自己被威尔士亲王加勒（Galles）王子追求，她每天把对后者的情感表达在自己的日记中，然后写了两本小说，却都被拒绝出版。而这个女演员多年以来一直对她进行侮辱、嘲弄和威胁，且与另一位知名的文学家P. B.联手迫害她，声称后者在写的书中揭露了她的私生活，而且阻碍她的小说出版。有好几次，爱梅都想要这个演员对这些事情加以澄清。她做出攻击是因为她看到这个演员想要逃跑。如

果不是被逮捕，她还会对这个演员进行第二次袭击。[1]

因此，爱梅在试图暗杀一位著名女演员后，在圣安妮医院被拘留。那时，拉康遇见了她。从对这个病人的观察中，拉康发现，爱梅在看照片时需要通过认出姐姐的形象才能认出旁边的自己。因此拉康认为，在爱梅身上，力比多保持在她姐姐的形象中。而且，这个被崇拜的姐姐同时作为侵凌性和逼迫性的对象呈现：爱梅对这位迫害者的形象充满了迷恋，并伴随着对自己的否定。

根据拉康的说法，爱梅对姐姐的敌对情绪已经转移到其他女性身上，而对这位女演员的谋杀未遂行为，正是被羡慕对象（即替代姐姐的女演员）带来的难以忍受的入侵感所导致的防御性反应。当拉康让我们意识到，对于任何主体而言，自恋和侵凌性在自我形成之时都是相关联的，并且二者在当前正在呈现着时，这种防御反应才能得到理解。

由于理想自我是由他者的形象形成的，当主体看到对方的形象时，就会产生一种张力。

例如，就爱梅而言，她一直被其姐姐的形象所俘获，因此必须撕毁这幅照片才能终止让她难以忍受的强烈紧张气氛，并使自身的力比多恢复原状，但这个姐姐的形象对于爱梅自我的影响，仍然让她感到诡异陌生。

---

[1] Lacan J. De la psychose paranoïaque dans ses rapports avec la personnalité [M]//Points essais. Paris: Le Seuil, 1975: 120-146.

前面我们曾提到，拉康认为自映的我应该朝社会的我发展，社会我具有社会契约关系，受制于各种符号法则。这些法则构成的自我理想，如同儿童在学校获得的各种奖状，是一种社会奖励机制，它同时也约束了过于侵犯他者的、由理想自我引导出的想象的嫉妒和暴力的侵凌性[1]。

在这个基础上，我们找不到爱梅对自我理想加以参考的迹象，她纯粹迷失在想象的形象世界中。与之相反，自我理想是给符号我一个社会理想的象征物，它让自我进入社会我的关系中。所以，具有理想自我的个体可以通过社会规则的好坏来调节自我和理想自我的关系，而不至于迷失其间。然而在这里，姐姐的形象作为理想自我的参照物，却无法避免让爱梅觉得需要撕毁照片才能抵御来自姐姐的持续侵入与张力。没有自我理想的建构，就没有符号秩序，没法以社会契约和社会法则[2]来仲裁这里二元的想象关系，爱梅只能处于"你死我活"的"他人即地狱"的关系。因此，当这个充满魅力的女演员占据理想自我这个位置的时候，如同前面T女士面对女邻居的案例，爱梅终于忍受不了这种张力，试图刺杀对方。

在进入下一节之前，我们首先要来总结一下：在原型的自我

---

[1] 详见下一节中"阉割与走出想象关系"所述的内容。
[2] 和西方的宗教伦理为基础的社会体系不同，中国是儒家文化思想在规约个人与个人的关系，甚至规约社会与政治维度上的伦理秩序。儒家文化的基础在于透过规约父母与孩子的理想关系，外延到长辈和晚辈、师长、男女的关系，构成整套社会伦理的理想法则。

形成后，侵入情结通过引入更多的类似者，于是在继发认同的机制下形成这种你死我活的理想自我，然而，他者的欲望变成自我的欲望的同时，符号的契约也在一步步形成中，主体从纯粹的嫉妒关系变成竞争关系，最终在俄狄浦斯情结的末期，在认同父亲的过程中，主体完成自我理想这个社会我的建构，自我的功能也在符号的仲裁下得以稳固。

上文的几个妄想狂的案例已经帮助我们看到，由于这最后一步——自我理想的缺失，理想自我同自我的相互投注关系，就总有因为过度的张力而焦灼乃至断裂的危险。这里我们看到，为什么弗洛伊德最开始把精神病和原初自恋联系在一起。我们可以用图1-4来予以诠释。

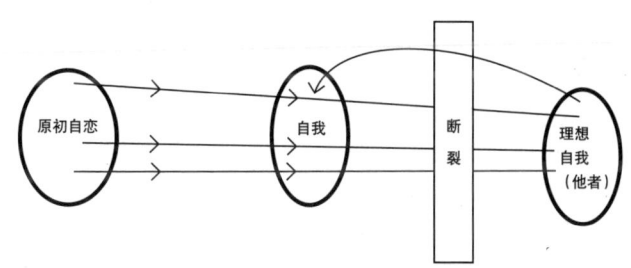

图1-4 精神病与原初自恋的关系

简单地说，理想自我的位置被他者占领（如爱梅的姐姐或者那个女演员），那么，透过自我已然投注到占据理想自我位置的外部他者、外部对象上的自恋能量，因为过度张力而最终断裂，就会导致这部分投出去的自恋能量（因为已然投向对象，而且弗洛伊德把精神能量也称为力比多，所以实际这种投到外界的能量，也被弗洛伊德称为客体力比多）又重新回到了自我。他者的一举一动现在只会以妄想的形式呈现自我的幻想：比如在第一个案例中，牧师要伤害"我"；第二个案例中，女邻居被认为在勾引T女士的丈夫；第三个案例中，爱梅呈现出了对姐姐或者女演员的形象的迷恋及其张力紧绷的状态。随后，其他的相关妄想才得到了安置：爱梅出现了自恋的色情妄想，认为自己是加勒王子所爱，自我因而获得更多的自恋投注；而作为小说家的著作被拒绝出版后，她通过迷恋的形象（女演员和另一个小说家）在伤害自己，来弥补这方面的挫败。

镜像的误认

阉割与走出想象关系

我们说孩子发现自己被他者的形象所俘获,而他在他者的形象中察觉到了自己的欲望。同时,孩子与他者就建立起了紧张关系:有必要消灭另一种相同的事物,就像消灭占据自己地盘的他者一样。他看到自己的欲望在他者那里实现,因此,在这种纯粹的镜面反射关系的核心处,他最终陷入了谋杀他者的欲望,这就是前文列举的妄想狂的各种情况向我们展示的。这样的想象二元关系让生命变得不可行。之所以不可行,是因为在自我与源自他者形象的理想自我之间的这种迷惑又争夺的关系,没有足够的主体性参与:主体并不真的认出自己,因为它仅在理想自我这里才会被他者的形象所捕获。实际上,透过爱梅个案,拉康发现,只有通过符号的自我理想,才能够调节自我与理想自我之间的关系。

这个自我理想是怎么形成的呢?孩子会感知到母亲的在场与缺席,在同胞参与下,孩子被激化,开始思考母亲去找谁了,她的欲望指向哪里，如何才能让母亲持续关注我而在场——自我理想的构建就是在这样一个过程中完成的。由于这个母亲去哪里的问题，孩子就会对母亲何时来到自己身边、何时离开了自己非常敏感。在这个过程中，他正在构建一个幻想，以便解释母亲的欲望到底是什么。

由于这个母亲并不是他的全部，他也不是母亲的全部，所以孩子在想象着，也在象征着母亲的欲望的答案。最终答案当然是俄狄浦斯情结以及父亲的阉割，它们回应了孩子提出的母亲欲望的问题：根据弗洛伊德对俄狄浦斯情结结束的表达，这个接受父亲的阉割过程可以表述为，孩子接受了母亲欲望的是父亲所具有的某些事物，他现在无法在这点上战胜父亲，但可以在长大的未来获得这个事物，并且那时，他也会有自己的女人（放弃母亲作为欲望的对象）。这个期望在未来获得的父亲已然具有的某些事物，就是自我理想。

我们用图1-5表示：

图最右侧，中间的空洞是母亲的欲望对象，孩子期望成为这个母亲欲望对象的理想自我，这种期望本身是非常自恋的、夸大的、妄想狂式的，它意味着孩子觉得自己可以永久地留下母亲并占有她。为此，在想象的关系中，这个孩子会试图占据其他孩子的位置，导致不同类别的妄想场景（嫉妒妄想、迫害妄想、夸大妄想等）的上演。如果母亲欲望的对象没有完全地放在孩子身上，这个孩子就会提出上述母亲的欲望到底是什么这一问题，继而，

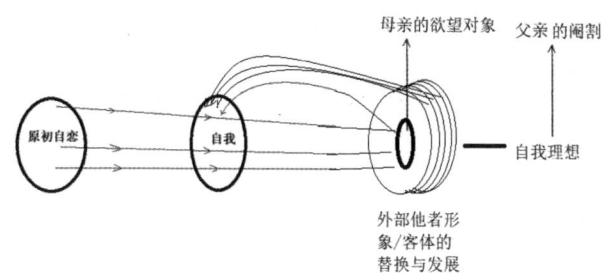

图1-5 自我理想调节下的自恋

孩子就会构建起既有想象也有象征元素的幻想,以回答这个问题,最终,他走向父亲,被阉割,建立起自我理想。这整个过程就是俄狄浦斯情结。

这个妄想狂式的欲望对象之所以能够被丢弃,靠的是来自父亲的欲望阉割——父亲的欲望才是真正让母亲离开的原因,他的欲望对母亲的欲望具有决定性的影响。此时,孩子接受父亲的强大,并以此构成自我理想:未来某刻我会成为父亲那样的人,并有一个爱我的女人。孩子由此得以走出俄狄浦斯情结,同时,自我理想也重新协调着想象的对象。自此,代表社会规则的父亲引入了自我理想,自映的我成功完成朝社会我的转向。

然而我们知道,随着生活的进展,这个过程中个体总是有可能遭遇挫败,以至于重新退回到俄狄浦斯情结中,进而形成神经症。自我理想和理想自我仍然在这个部分发挥着作用,这就是弗洛伊德所谓的继发自恋构成的神经症的病理学。接下来,我们用电影作为案例来弄清这一点。

社会我和符号身份：以《夺面双雄》为例

在《家庭情结》中，拉康考虑到了自我理想的问题，他在讨论侵入情结的时候，谈到了父母在社会我形成过程中的榜样作用，以及社会协定发挥的约束作用，这些最终限制了想象的竞争和侵凌性的蔓延，为社会我的最终成形做好了准备："自我与他人同时在嫉妒之剧中构成。因为在主体中有一种倾向，这种倾向从他的镜面形象那里获得了满足，但就主体而言，正是这种不一致对这种镜像的满足进行了干预。对于主体而言，这种不一致导致引入第三个对象，后者在镜子阶段的情感性困惑和混淆不清之中，代替为一种三角情势的竞争。因此，通过认同而进入嫉妒之中的主体，达到对现实的境遇起作用的一种新的选择：要么，重新找到母亲的对象且主体坚持对现实的拒绝和对他人的摧毁；要么，他被导向某种不一样的对象，而且在以人类知识为特征的形式下接受它，把它作为能交流的对象，因为与嫉妒摧毁不同，竞争同时意味着对抗与和谐；同时，他承认了这个他者，跟他要么一起斗争，要么达成一致。简单地说，他同时找到了他人和被社会化的对象。在此，人类嫉妒因此再一次区别于直接的生命对抗，因为相比对象决定它而言，它更加构成对象；随后，嫉妒表现为社会诸种情感的原型。"[1]

因此在俄狄浦斯情结中，孩子浸泡在符号母亲的欲望下，而这个情结的消停，在于孩子遇到了父亲，放弃了成为母亲理想对象的幻想，认同了父亲，接受了阉割，签订了符号协议，构成自我理想。

我们已经看到，自我理想对应了语言、社会、法律所隐含的一系列符号性特征。这些特征是对想象中的、虚幻的双重关系进行符号的限定：主体在某个位置找到了一个位置，即自我理想，只要主体满足了某些条件，他就会从中发现自己很可能被爱——例如孩子获得奖状这样的符号勋章，他就会觉得自己是被父母喜爱的——因此符号身份让主体从错觉性的理想形象中解脱出来。符号超越了想象，自我理想超越了自我。符号被叠加在想象上，来对后者进行重新组织。

由于有自我理想的存在，神经症处于继发自恋的病理学中，这和缺乏自我理想调节的精神病所处的原初自恋的病理学是很不一样的。在神经症那里，自我仍然是和侵凌性密切联系着的。不过在这个基础上，符号性的社会协定介入了进来，因此，侵凌性可以采取别样的形式。

为了区别，我们找到跟前文想象综合征类似的例子来说明。对于神经症而言，现实中即便修改了名字和形象（例如谍战片中），

---

[1] Lacan J. Autre Écrits [M]. Paris: Seuil, 2001: 43.

构成对他者的欺骗，但这种改变并没有导致个体现实世界的紊乱；而在精神病那里，身份的妄想构成的病理学现象，引发主体无法区分自己的妄想身份和外部现实中的身份。这里也再度回到我提出的"我并非他者"的论点上。

1997年吴宇森导演的经典电影《夺面双雄》中，黑帮大哥凯斯特·特洛伊误杀FBI警探西恩·亚瑟的儿子之后，这部影片最终变成两个人斗智斗勇的恩仇。

FBI探员西恩追捕恐怖杀手凯斯特长达8年之久，无恶不作的恐怖分子凯斯特于是希望刺杀西恩，在这个过程中却误杀了他的独生子。西恩发誓要亲手抓凯斯特入狱。

在线人的密告之下，西恩终于有机会亲自逮捕他到案，趁着凯斯特与弟弟搭机逃亡之前将他们绳之以法，枪战之后，凯斯特因负伤过重而昏迷不醒。

在影片后半段，当西恩告诉妻子杀死儿子的凶手终于得到了惩罚时，本以为多年的重担可以就此卸下。但紧接着传来的消息却是难以接受的：如今已经陷入昏迷的凯斯特埋藏定时炸弹的地点只有他的弟弟才知道，而他弟弟只会告诉凯斯特一个人。为了解除这场灾难，西恩唯一的选择是：和那个他日夜想杀掉的人换面，从而从他弟弟口中套出秘密。

然而，当西恩面对镜子看到的不是自己而是凯斯特狰狞的面容时，那种陷入疯狂的感觉是无与伦比的，他不顾一切地摔打镜子，对医生大声吼叫，希望能变回真正的自己。

但是当冷静下来后，西恩发现他别无选择，然而，就在西恩快要成功进入监狱的时候，本来昏迷的凯斯特在一个夜晚突然苏醒，他杀了所有知情的人，并以西恩的身份出现在人们面前。一个优雅的恶棍，一个痛苦的卧底，两个势不两立的人，却开始扮演起对方的角色，事态开始了一连串的惊变。

这部电影很好地说明了，即使为了符号的目的，我的外在形象变成了憎恶的他人形象，但在内心，符号我和镜像的自我形象仍然关联着。所以即便脸部改变，换脸的两个个体均能根据自己的思想和记忆，继续自己的任务。符号的身份并不因为面孔形象的对调而改变个人的目标与意志——这和想象综合征很不一样。我们认为，这是因为西恩的自我理想身份（作为父亲或者作为警探、丈夫）是和符号我一致的，并且稳固着他的身体形象和自我形象，所以即便后者在现实中有所变动，也没有改变与过去的身体形象相关的经验和自我的一致性。

整部电影的背景在于，西恩是在儿子被杀之后，以父亲的身份来讨伐凯斯特的，即便带着个人的恨——为了给儿子报仇，给妻子交代，他带着巨大的仇恨——但他仍然在警探的身份范畴内行事，甚至因此变换面孔后仍然执行任务。这个电影清晰地展现了符号的父亲功能如何避免想象的仇恨扩展到带有妄想迫害意味的私仇。

如果我们把西恩同前面那些妄想狂的案例对比的话，可以发现作为自我理想的父亲身份在西恩这里起到的稳定作用：避免他陷入你死我活的想象场域，并且迷失在迫害与被迫害的妄想中。

2011年的邓肯·琼斯导演的电影《源代码》，也能体现符号功能的完整如何支撑个体在想象的世界完全改变后继续执行并完成任务。主角柯尔特从火车上醒来，此后的经历是非常奇异的，首先他觉得周围环境与自己无关——自己本来是个正在阿富汗战场执行任务的军人，现在居然在一辆前往芝加哥的火车上，而且自己旁边座位上的人在说话间显示出他应该是个老师。更奇怪的是，当主角去厕所照镜子的时候，镜子中出现一张陌生的脸，带着惊讶的表情望着他：他看到镜中映出的脸根本就是另一个人。这个惊讶的回望，源自镜中形象和自我形象的不统一。

原来，柯尔特被选中执行一项特殊任务，这项任务隶属于一个名叫"源代码"的政府实验项目。在科学家的监控下，利用特殊仪器，柯尔特可以反复"穿越"到一名在列车爆炸案中遇害的死者身体里，但每次只能回到爆炸前的最后8分钟，也就是这一天清晨的7点40分。理论上，"源代码"并不是时光机器，"回到"过去的柯尔特无法改变历史，也并不能阻止爆炸发生。之所以大费周折让受过军方专业训练的柯尔特"身临其境"，是因为制造这起爆炸的凶手宣称将于6个小时后在芝加哥市中心制造另一次更大规模的恐怖行动。为了避免上百万人丧生，柯尔特不得不争分夺秒，在"源代码"中一次次地"穿越"，收集线索，在这起爆炸前最后的"8分钟"里寻找到元凶。

虽然这个过程极其痛苦——因为柯尔特一次次真实地感受到死去的痛苦体验，甚至诞生了自己被军方迫害的念头，但他最终克服困难，查出了元凶的身份，完成了任务。军人为国家赴死的自我理想，在这个过程中占据着绝对重要的地位。

电影《猫鼠游戏》与神经症的继发自恋

如果上面的例子可以用来区别精神病的想象综合征和妄想狂，也就是说，一个具有理想自我的个体范本的话，那么，2002年史蒂文·斯皮尔伯格执导的根据真实事件改编的犯罪电影《猫鼠游戏》，则给了我们一个可以讨论神经症的继发自恋的范本。

不满18岁的小弗兰克·阿巴格诺因父母离异而深受打击，孤独而伤心地开始了伪造支票骗取现金的行当。他一次一次得逞，在美国与全球其他28个国家开出总金额高达600万美元的空头支票，成为美国通缉名单上最年轻的罪犯。不久后，他又假冒飞行员，借此乘坐高级飞机，入住高级酒店。

此后，他利用一张伪造的哈佛大学医学学位证书，在乔治亚州一所医院当起急诊大夫。在那里，他很快和一个叫布雷达的护士坠入爱河，然后弗兰克跟着他的这位女朋友来到了她的家乡新奥尔良。布雷达的检察官父亲听说弗兰克从加州大学伯克利分校法律系毕业，非常高兴女儿找到这样一位男朋友，于是安排他做了检察官助理。弗兰克也很满意自己目前的职业。正当他想通过自己的努力通过路易斯安那州的法律从业资格考试时，执着的FBI调查员卡尔·汉拉蒂盯上了他。幸运的是，弗兰克总是先卡尔一步用法律保护自己，并用电话和明信片一次次地戏弄他。

卡尔很同情弗兰克，小弗兰克犯了这么多罪，而他当时还没满20岁，但是卡尔无法忍受一次又一次被戏弄。最后，弗兰克没能逃脱法网，但他一次次逃脱FBI追捕的方法却为人们津津乐道。每一次的戏弄，卡尔都会站在小弗兰克的角度来思考，试图破除小弗兰克设定的陷阱。

通过这部电影，我们能看到的重要部分是，小弗兰克从小就受到父亲老弗兰克的耳濡目染，父亲曾是商界精英，得过市长授予的荣誉勋章，享有良好的声誉。他常给儿子讲两只老鼠掉进黄油桶的故事，宣扬只要努力拼搏就能获得成功。但是世事无常，老弗兰克的商店因偷税被政府查处，声名扫地。濒临破产的他希望扭转乾坤，他租了辆豪车，让小弗兰克打扮得光鲜亮丽后佯装为自己的司机，借由这种形象上的打扮来迷惑银行的保安和服务人员，让他们觉得自己是个成功商人，对自己产生尊敬和信任。在这个基础上，老弗兰克促使银行工作人员给自己开绿灯，冒着风险继续给他贷款。但是随着金融投资一次次陷入困境，最终父亲的事业还是失败了，这也触发了父母矛盾的增加，最终导致离异。

在父母离异的打击下，小弗兰克离家出走。为了养活自己，小弗兰克想到可以通过伪装身份来达到自己的目的。他一方面靠的是运气，另一方面靠的是聪明的头脑和高超的模仿技术。

小弗兰克各种欺骗他人的行径是为了满足自己，甚至借此诱惑女性。这和前面举出的夸大妄想——认为自己是某个领导人的孩子等——是不同的。后者是想象性的、虚幻的，而弗兰克的欺骗行为则明显具有符号特征。也就是说，小弗兰克实施的通过外表的伪装在一定程度上糊弄了他人，但他做得更多的是符号契约和符号身份的欺骗。他最初伪造支票，就是修改支票上的可识别账号代码来实现的，由于支票流通和验证在不同州是不一样的，他因而佯装成实习飞行员（作为伪装的符号身份）来获得免费飞往外地的资格。我们看到，因为符号的介入，人类拥有了文明的基础，可这也让人类的欺骗比动物擅长的外表的伪装（因此是想象性的）要高超许多。

通过符号性的欺骗的模式，个体既可借助身份的伪装，也可用敌我换位的方式思考，甚至可以进一步形成一系列的推演，如同下棋一般。我们可以看出，在这个过程中，人类个体不断作为他者来思考，从精神分析的角度，说明力比多在这个过程中是在自恋的自我和作为对象的他者之间反复投注，以便达到最终欺骗对手的目的。

然而要说明的是，FBI调查员卡尔·汉拉蒂是典型的社会父亲的代表，他积极执行公务，但也有着父爱。正是这种父爱①，让小弗兰克和他那没有帮助他完成阉割、无法帮他建立起一个好的自我理想的生父区分开来。他并没有严格地把小弗兰克当成罪犯，而是给了他多次机会。

为了回应第一节提到的继发自恋的问题，我们这样总结：

小弗兰克不再因父母离异而迷失自己，在各种逃避和欺骗中生活——如同神经症那样退回到建立符号契约之前的俄狄浦斯情结中，简单地讲，这个退回俄狄浦斯情结的过程，在这个例子中，表现为小弗兰克因为父母离异导致的情感挫败，诱发了童年幻想，因而他拒绝接受现实：他希望通过自己的欺骗获得金钱，让父亲重振雄风，重新把母亲娶回来。

实际上，在青春期的小弗兰克本应该投向社会建立正常身份（通过进入大学或者工作），然而，让父母和自己重新生活在一起的幻想，让他无法迈出和父母分离、进入社会的步伐；相反，他所做的一切是为了回到童年稳固的家庭环境中。这一过程让本应投注到对象的力比多重新退回自我及其幻想上，这就是继发自

---

① 前文曾经提到，帮助主体建构出母亲到底欲求什么这一问题的最终答案，被拉康称为符号父亲。它可以是生父的欲望或者是其他父辈的欲望，甚至是一份工作。在这部电影的结局中，可以看到，小弗兰克开始作为反欺诈的FBI探员工作，并且对欺骗过的护士女友表示了悔过。这些意味着他建构出了比较好的符号父亲，虚假的自我也进入到了社会我的范畴，他不再以生父的自吹自擂、装模作样的想象自恋的模式行事：如电影中小弗兰克和生父一起回忆当年后者如何光彩夺目地在一次宴会上追求到母亲并被其他人羡慕的场景，或者是生父租豪车让他假扮司机，把自己装成成功富商等。

恋的投注。

而FBI调查员卡尔·汉拉蒂在这个猫鼠游戏的过程中，最终让小弗兰克面对自己的过去，并通过招募小弗兰克成为破解支票犯罪的特殊探员，帮助他接受阉割，形成一个好的自我理想，让他可以持续将自我的自恋安置到工作和生活中。按照弗洛伊德的说法，这种做法就是通过对外部对象的爱和升华的方式来解决继发自恋[①]。

对于这个从正常的社会我（自我理想）退回到继发自恋的过程，我们可以用图1-6表示，以结束本章：

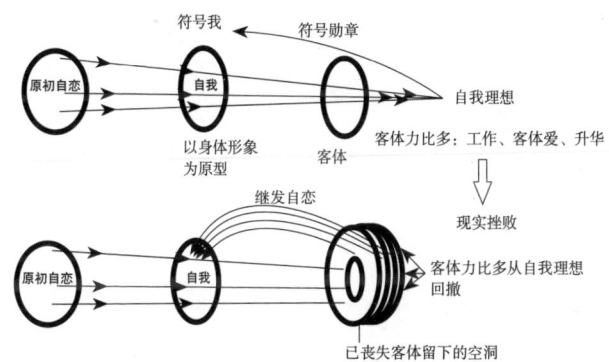

图1-6　神经症的形成与继发自恋的图示[②]

[①] 随着这种客体力比多的稳固投资，神经症主体可以过上正常人的幸福日子，然而，很多人在满意的工作和家庭生活中，因为退休、离职或者丧亲而再度陷入神经症，这也可以说明，神经症是正常人都可能遭遇的。

[②] 这里，客体力比多撤回到过往丧失的理想自我或者理想对象上，激活过往丧失的经验，进而退回自我，最终形成神经症的自恋，这部分即继发自恋。神经症的精神分析工作中，分析师所做的如同布雷达那样，因此是与这一过程相反的。

小弗兰克从一次现实挫败——父母离异——触发了客体力比多的回撤，重新回到儿童期的幻想中，以便填补父母的缺口（中间的已然丧失对象的洞），这种自恋性的能量，构成他突破社会法则、一味造假以达成目标的动力。随着FBI调查员卡尔·汉拉蒂以不同于生父的方式，数次宽容他，并且提供工作机会，二者达成一致，从追捕与被追捕的关系走向合作，小弗兰克得以重新接受对自我理想的投注，回到符号的关系中。

第二章 法则的父亲

Chapter Two

任何新思想的诞生,从某种程度上来说,不外乎先受父权洗礼,而后对父权挑衅,最后将自身树立为一个崭新父权的历程。精神分析作为一种人类思想史上最具反叛和革命精神的辞说,诞生伊始就携带着发掘主体的无意识真相和文明中的疾病的天然使命,而在这样的思想探险旅途中,必然将遭遇由一个强有力的父亲及为其所树立的森严建制和规则。一位思想冒险者总是倾向被俄狄浦斯弑父的神话传说所激荡,然而不要忘了戈雅那幅著名的油画《农神噬子》所描绘的骇人场景:农神萨图恩推翻了自己的父亲,却又因害怕重蹈父亲的覆辙,将自己的孩子尽数吃掉。父子角逐的乱伦游戏不断推动着政权的交替和思想的更迭,而这便是文明得以延宕的根本缘由。那么,挥舞着"回到弗洛伊德"旗帜的拉康,面对这位精神分析原父,又是如何在这场硝烟弥漫的精神分析运动中将自己树立为一个新的思想领袖,再亲手解散自己所缔造的精神分析王国的呢?

弑父的神话

在《俄狄浦斯王》这出古希腊崇高悲剧的最后,索福克勒斯笔下背负着神秘命运的俄狄浦斯刺瞎了自己的双目,自我放逐,以偿还自己在无意识中犯下的弑父娶母的伦理罪行。从表面上看,俄狄浦斯的悲剧似乎来源于一连串的机缘巧合,然而,根植于集体无意识的乱伦享乐却总是以各种变形的形式,嘲讽着被人类文明所涂写的图腾与禁忌。乱伦禁忌的强迫性重复被西方宗教定义为一种人类的原罪,是亚当与夏娃因偷食禁果而不得不世代背负的沉重的十字架。然而,当我们以一种人类学的视角去考察尚停留在同类相食的蛮荒年代,便会发现,当被驱逐的子嗣们密谋杀死并吞食自己的父亲后,亡父便以一种图腾和神像的方式,被永恒留存了下来,用以祭奠和悼念那次难忘的乱伦行径。而当负罪感被唤起后,勿杀图腾和同族禁婚便成为图腾崇拜的两条最基本的禁忌法规。

在弗洛伊德看来,这两种禁忌与俄狄浦斯弑父娶母的两宗罪恶,以及儿童嫉父恋母的两大欲望完全吻合,而正是对这种原初乱伦欲望的压抑,构成了神经症的内核。他用力比多理论解释了这一观点。在他看来，儿童在每一个发展阶段都会有一个特定的身体部位成为力比多贯注的中心，即性感区。根据性感区的变化，弗洛伊德将儿童心理的发展划分为口欲期（0~1岁）、肛欲期（1~2岁）、阳具欲期（3~5岁）、潜伏期（6~12岁）和生殖欲期（12~18岁）五个阶段。在前两个阶段和阳具欲期前期，力比多主要贯注于身体，儿童分别靠口舌动作、肛门排泄以及手淫和性幻想等行为获得快感的满足。在阳具欲期向潜伏期发展的过程中，随着儿童性意识到达高峰，力比多开始贯注于外部对象。由于母亲的爱抚和哺乳等照料行为会使儿童形成依恋，因而儿童最初的性欲对象通常会指向母亲。

对男孩而言，父亲的存在总是对其想要独占母亲的爱的欲望造成干扰，因此他们会对父亲怀有敌意。而当他们逐渐意识到父亲比自己更为强大时，便开始产生阉割焦虑，这使其不得不压抑自己的性和攻击性的倾向，以缓解被阉割的恐惧。这种恐惧使男孩转向认同自己的父亲，将父亲的道德标准和价值观内投于自身，其结果是促进了超我的发展。随着超我的发展和意识到对母亲的欲望不可能实现，俄狄浦斯情结逐渐被克服，男孩的性欲转向更为社会所接受的方面，例如能够娶欲望母亲之外的另一个现实的女人。

阉割情结对女孩的俄狄浦斯情结的作用正好相反。与为男孩俄狄浦斯情结的解体开辟道路不同，正是阉割情结的作用形成了女孩的俄狄浦斯情结。最初，女孩对母亲的依恋与男孩并无二致。然而随着她们发现自己缺少阴茎，她们便开始抱怨没能提供给她们阴茎且自身也没有阴茎的母亲，并将父亲视为自己的性欲对象。由于父亲具有她没有的器官，女孩会产生阴茎嫉羡（penis envy）[①]。这种爱父嫉母的倾向，被称作厄勒克特拉情结（Electra complex）。在俄狄浦斯期，女孩不仅希望拥有一根阴茎，还希望从父亲那里得到一个孩子作为礼物。这两个愿望因不可能实现而被压抑进无意识中，并对日后性别角色的形成产生重要影响。

俄狄浦斯情结有时会表现出相反的形式：男孩爱父嫉母，女孩爱母嫉父。这表明人都具有双性倾向，其相对强度决定发展的结果是儿童以父亲自居还是以母亲自居。若儿童的女性倾向较强，就会在俄狄浦斯情结消失后与母亲趋于一致；若男性倾向较强，则趋向于效仿父亲。如果俄狄浦斯情结没有被很好地解决，被压抑的性冲动残余就会遗留在无意识中，从而以症状的形式呈现在现实生活当中。对于一些未曾经历父亲阉割的人士来说，他在日常生活中就有可能以强迫性重复的方式，停留在一种原始乱伦幻想中。例如，男孩的初恋对象往往是一个成熟女性，而女孩则常

[①] 精神分析的语境总有被人误解为一种阳具中心主义的嫌疑。但实际上，这里所说的阳具（phallus）并非解剖学意义上的器官，而是作为一种语言学意义上的原初能指，指涉一种围绕性别差异而运作的在场与缺失的辩证法。我们知道，在儿童最初对性别差异的感知中，阳具的存在与否是一个最外显的表征，也是女孩最初所感知到的欠缺（在幼女身上尚未形成乳房和阴道这样更具图像学意义的性器官）。在拉康的语境中，更加明确地区分了作为解剖学意义上的性器官的阴茎（penis）和阳具，认为阳具是该器官在主体的基本幻想中所具有的想象性功能和符号性功能。例如，它可以象征着权力、主动性、男子气等。

常会钟情于一位具有权威性的年长男性。

与弗洛伊德一样,拉康也将俄狄浦斯情结视为无意识的重要内容,但是在一些重要观点上,拉康提出了相异的看法。首先,他从符号的层面对俄狄浦斯情结进行结构化功能的探讨,且更重视阉割的作用。其次,他认为主体性和欲望是他者欲望的产物,而非自然发展的结果。最后,无论儿童的性别如何,他总是会将母亲作为欲望对象,将父亲视为竞争对手。在拉康看来,俄狄浦斯时期是儿童通过意识到自己、他者和外界的区别而逐渐获得主体性的过程,俄狄浦斯情结是人类文化和语言世界在无意识中的结构化联结。在儿童从想象界过渡到符号界的过程中,俄狄浦斯情结将一整套符号性的社会规则内化给他,而其对母亲的欲望则被压抑进无意识中。与弗洛伊德将俄狄浦斯情结视为人生发展的一个心理事件不同,拉康从三元结构的范式(他者—自我—对象)出发,将俄狄浦斯情结的发展分为三个阶段。

拉康认为,进入镜像阶段(即前俄狄浦斯期,6~18个月)后,随着自我的形成,儿童从与母亲交融、未分化的状态,开始进入想象的母婴二元关系中。与弗洛伊德主张母亲是儿童的欲望对象不同,拉康指出,儿童的欲望是他者的欲望,即希望满足母亲欲望的欲望。儿童认为母亲是不完整的,缺少想象中的阳具。为了满足他者的欲望,儿童要认同母亲的欲望对象,即阳具。因此,儿童不仅希望得到母亲的照顾,更希望成为母亲的欲望对象,以填补欠缺。这个阶段的儿童不是一个完整的主体,而仅仅作为母亲的补充而存在。拉康认为，由于主体总是在虚假的镜像中误认自己，因此镜像阶段就是主体异化的开端。

俄狄浦斯期（3~5岁）是主体从想象界进入符号界的入口，儿童开始意识到自身、他者和外界的区别，逐渐获得主体性。在这个阶段，父亲作为一个竞争者介入，并打破了想象的母婴二元关系，他不仅夺走了母亲，也否定了儿童成为母亲欲望对象的企图。这种否定表现为儿童体验到阉割威胁，父亲的法规以母亲为中介，开始对儿童起制约作用。成为母亲的欲望对象和认同父亲法规的矛盾，使得儿童对待父亲的态度是一种竞争性认同。由于这种认同过程通过作为父亲法规的语言起作用，因而主体就开始从想象界进入语言和符号组成的符号界中了。因此，这里的父亲所指涉的不仅是现实生活中的真实父亲，还是符号意义上的"父性功能"和"父亲法则"，象征着律法和秩序。在这个阶段，小他者的欲望开始转变为符号界中作为语言符号的大他者的欲望。

父亲法则的引入动摇了儿童所处位置的全部基础，使儿童的俄狄浦斯情结走向落幕。在这个阶段，儿童要完成的主要任务是区分作为"理想自我"（ideal ego）的父亲的竞争性认同和作为"自我理想"（ego-ideal）的父亲的正常化认同。所谓理想自我，是指一种想象性的投射，是一个为主体所认同的、被投射出的形象；而自我理想是指一种符号性的内投，理想形象由此被吸纳进主体的构建当中。自我理想作为一个内化了法律和秩序的能指，使主体从想象界进入符号界。因此，儿童不仅习得了父亲的法规，承认了父亲的符号地位,而且赋予了这种符号性以意义。他们不再视父亲为竞争者,寻求成为母亲的欲望对象,而转向寻求对父亲的认同,将其作为理想和秩序,内化进主体,最终形成自己独立的主体结构。例如,在对理想自我的想象性认同中,儿童以父亲本人为榜样进行认同;而到了对自我理想的符号性认同后,儿童的认同对象就从父亲进一步扩展至更具普遍意义的权威人士。

阉割焦虑与阴茎嫉羡

对男孩而言,父亲的存在总是对其想要独占母亲的爱的欲望造成干扰,因此他们会对父亲怀有敌意。而当他们逐渐意识到父亲比自己更为强大时,便开始产生阉割焦虑,这使其不得不压抑自己的性和攻击性,以缓解被阉割的恐惧。

这种恐惧使男孩转向认同自己的父亲,将父亲的道德标准和价值观内投于自身,其结果是促进了超我的发展。随着超我的发展和意识到对母亲的欲望不可能实现,男孩的性欲转向更为社会所接受的方面,例如,能够娶欲望母亲之外的另一个现实的女人。

与男孩的阉割焦虑相应的，是女孩的阴茎嫉羡。最初，女孩对母亲的依恋与男孩并无二致。然而随着她们发现自己缺少阴茎，她们便开始抱怨没能提供给她们阴茎且自身也没有阴茎的母亲，并将父亲视为自己的性欲对象。由于父亲具有她没有的器官，女孩会产生阴茎嫉羡，也就是对权力、主动性、男子气概的渴慕。

对于一些未曾经历父亲阉割的人来说，他在日常生活中就有可能以强迫性重复的方式，停留在一种原始乱伦幻想中。例如，男孩的初恋对象往往是一个成熟女性，而女孩则常常会钟情于一位具有权威性的年长男性。

除权的父名

通过对俄狄浦斯情结的重新诠释,拉康进一步认为,主体的欲望产生自其与他者的关系,而俄狄浦斯期是这一关系发生根本转折的枢纽,它决定了主体的结构以何种方式被建构起来。

在进入俄狄浦斯期之前,主体与他者的关系表现为母婴二元关系,母亲被主体放置在想象秩序中的小他者的位置。由于主体朝向他者的欲望只能通过语言表达,而在此阶段,主体尚未获得充足的语言功能,因此主体朝向小他者的欲望,只能是一个难以被言说的谜。一旦主体进入俄狄浦斯期,父亲的介入打破了想象的母婴二元关系。父亲对婴儿朝向母亲的欲望发出了禁令,这样的禁令正是通过话语来表达的。因此,语言功能就随着父亲施加于主体的阉割而被引入主体的秩序当中。父之名正是这样一个表征着语言功能的特殊能指,此前的欲望之谜借由它才得以表述出来。虽然父之名是以一种在欲望之上画斜杠的否定的方式被引入主体的秩序当中的,但却为主体性的建构带来了法则和禁忌,为他进入社会和建立与他者的联结,提供了必要的语言功能。同时,以父之名为代表的能指的引入,也进一步从语言的层面上确立起主体对自身身份的认同。

精神病的发生，正是由于主体缺少父之名这样一个指涉着法则的特殊能指，使得其符号界无法被稳固地建构起来，甚或根本无法被建构起来。拉康用"除权"的概念来描述这样一种父之名的缺失。除权一词本身并非典型的心理学术语，而是法学层面的用法，指涉屋主无力偿还抵押贷款而不得不向贷方出售所有权。通过隐喻地使用这一概念，拉康描述了精神病的所有权的根本问题：通常情况下，父之名将主体引入社会秩序当中，并通过认同，使他成为习俗的共同所有人之一。然而在精神病中，由于父之名被除权，主体从一开始就未曾占有社会秩序和习俗。这样一来，主体的欲望无法得到命名，他就只能被排除在符号法则之外。

在精神病中，父性隐喻的缺失意味着主体无法在与母亲的欲望关系中得到命名。由于父之名被除权，"存在问题"就在无意识的层面上被提出。这些问题包括，如何处理爱与性，如何构建跨世代的关系，或者生命的意义等。这些问题无法通过阳具性的辞说得到解答，换句话说，无法令主体在与他者的关系中维系一种欲望关系。结果就是，主体无法赋予他者的意图以意义，就像心理学家所说的，不具有心智阅读能力，因而也无法对他人的意图进行正确的解读，不知道如何处理他者的欲望。精神病主体在遭遇他者乃至建立亲密关系时，往往困难重重，那些亲近的人际化要求常常令他们困惑，以至于无法对他人的意图赋予意义。

父性隐喻缺失的第二个影响是，主体无法在与他人的关系中找到一个安全的位置。也就是说，主体缺乏关联感和共通感。无论他在一个群体中占据什么位置，他都无法从中找到归属感，总是感觉自己被排除在群体之外。第三个影响是，除权在主体的身份感上留下了一个黑洞，因此"我是谁"这样的问题就无法得到解答，这是因为在符号界中的辞说没有被建构起来。在无意识的层面上，关于主体性身份的问题依旧存在，但精神病主体却无法以话语的方式回答，结果，主体性就无法被有机地整合起来。

虽然父之名的除权从根本上动摇了稳固的主体性，但这种不稳定性是可以在一定程度上通过某些补偿模式得到修复的。拉康具体讨论了两种补偿的可能性：其一是顺从性认同（identification conformiste），其二是妄想性隐喻（métaphore délirante）。

顺从性认同通常表现为盲目地顺从他人的生活方式和习惯行为。我们在海伦妮·多伊奇（Helene Deutsch）①提出的"仿佛人格"（as if personality）概念中可以观照这一点：这类人在日常生活中往往情感匮乏，易受暗示，极度顺从。然而拉康却指出，这种顺从性认同对一个父之名被除权的精神病主体来说，具有一种稳定性功能——它能够赋予主体一定程度的社会功能，使其在与他人产生联结时，不必质询自己所处的位置，从而在一定程度上缝合因除权而在主体身上留下的孔洞。因此，当父之名被除权时，顺

---

① 海伦妮·多伊奇（1884—1982），美籍波兰裔的著名精神分析学家和教育家、女性精神分析的先驱者、弗洛伊德的追随者之一。

从性认同就具有了一种修复功能，为其提供了一系列固定的规则，以与他人产生联结。然而，这并不意味着顺从性认同是父之名能指缺失后的完美补偿模式。阿兰·米勒在对日常精神病的讨论中指出，虽然顺从性认同让主体定义自身成为可能，但我们可以看到，主体在认同的过程中具有一种空洞感。主体感唯有通过遵从外部标准才能被表述。倘若没有这种刻板辞说的支撑，主体的身份感就不会形成。

从医学的视角看，妄想一直被视为一种精神病发作的典型现象，是一种为求康复而必须被消除的症状。然而拉康认为，妄想在个人的层面上是有意义的，是一种具有内在逻辑的话语事件。因为妄想本身是一个隐喻，主体通过制作妄想，能够制作出一种替代性的身份。这样一来，借由妄想性隐喻，主体就能够不再为"存在问题"所紊乱。然而，这并不意味着妄想的构建总是稳定的，或者说我们应该在临床上致力于患者的妄想性隐喻的制作。马勒瓦尔（Jean-Claude Maleval）[1]认为，除了制作妄想性隐喻，还应该探索其他稳定精神疾病的模式。总之，虽然顺从性认同和妄想性隐喻是稳定精神病患者的主体结构的补偿模式，但它们不应被视为最终模式。精神分析师应该对患者的话语进行详尽细致的考察，尤其关注他是如何处理与大他者的关系的。这才是组织具体的临床干预手段的首要任务。

---

[1] 马勒瓦尔（1946— ），法国当代精神分析学家、弗洛伊德事业学院成员、精神分析世界协会成员、雷恩第二大学临床心理学教授。

在拉康的语境中，镜像阶段与俄狄浦斯期分别指涉主体性形成过程中的想象异化和符号异化，而这两次异化将主体最终引入了符号秩序和社会法则当中。上文所阐述的父之名的内化，实际上就对应着符号异化的时刻。从俄狄浦斯期开始，随着主体逐渐进入符号界，父亲作为一个竞争者介入，并打破了想象的母婴二元关系，并以父亲的法则否定了儿童成为母亲欲望对象的企图。儿童习得了父亲的法则，不再视父亲为竞争者，寻求成为母亲的欲望对象，而是转向对父亲的认同。在这一认同过程中，主体以家庭关系为模板，进入社会的话语关系中，符号和隐喻功能也随之被内化进主体的结构当中，成为搭建主体生活的基本材料。

异化是主体习得父亲法则所须经历的第一次变迁。如果父之名能够被写进主体，主体就避免了因固着在与母亲的镜像关系而形成的原始自恋当中，也即意味着主体与他者之间能够拉开距离，从而对那些发生在周遭之事保持一种反思性的空间。相反，倘若没有历经这双重异化，主体就会否认那些施加于其心灵的实际经验，也否认来自外部世界的规则，而是通过妄想建立一个完全脱离现实的主观世界。也就是说，他所形成的正是一种精神病结构，他完全迷失在了想象性认同中，沦为他者镜像的附庸。在第一章所分享的爱梅个案中，爱梅正是由于被他者的镜像所捕获而犯下了无动机杀人的罪行。

在从精神病结构到神经症结构迈进的路途中，主体还须历经第二次重要变迁，亦即分离的时刻。如果说异化对应的是原初压抑的过程，它意味着主体内化了大他者的辞说，令主体与语言的大他者相遇，成为一个被语言所分裂和画杠的主体，那么分离对应的则是次级压抑。在这一阶段，主体发觉了作为能指宝库的大他者的缺失，从而开始能够与欲望的大他者相遇。我们可以用一个简单的例子来说明这一点：如果说在异化的时刻，孩子遭遇的是一个全能的大他者，例如母亲是那个无所不能、予取予求的照料者的话，那么在分离的时刻，孩子则意识到了即便是母亲仍然是有欠缺的，并不是那个只要他哭闹就能立即送上乳头的女人。并且，母亲不仅是他生活的照料者，还是父亲欲望的满足者。需求的延宕满足，打开了主体欲望的缺口，让孩子从此开始向他者索求爱，欲望他者或被他者欲望。

对一个神经症主体（也就是通俗意义上的正常人）来说，他的母亲通过语言的方式命名自己的欲望和缺失——例如父亲和事业，就为孩子打开了一个进入自身主体位置的符号空间。因为一旦母亲符号化了她自己的欲望，就意味着母亲的欲望不再固着于儿童身上，而指向了其他的欲望对象。然而，对倒错主体或癔症性疯癫[①]主体来说，分离尚未发生，他仍然停留在认同母亲欲望的现实对象之上。举例来说，大部分倒错之所以是男性，是因为他们认同的正是母亲大他者欲望的现实对象，即阳具。换句话说，他们把自身视为一个阳具，来满足大他者的享乐，而无法真正获得阳

---

① 拉康的临床结构区分了神经症结构和精神病结构，而倒错和癔症性疯癫则存在于难以被化约到这两类基本结构的中间区域。

具的意义,即能够拥有一个阳具。在对一些暴露狂的临床观察中,我们可以看到,他们的基本幻想就在于把自己当作一个阳具献祭给大他者,填补大他者的缺失。因此,当他们冷不丁地在大街上向一个陌生异性暴露阴茎,而那位受害者又因恐慌而发出尖叫的时候,他们就感受到了大他者因缺失而致的焦虑。这种焦虑印证了他们把自己当作一个阳具让大他者享乐的信念。

倒错主体和癔症性疯癫主体由于总是被母亲大他者的欲望所捕获,无法成为一个拥有阳具的主体,因而可以说,他们在一定程度上丧失了阳具的功能。其家庭结构的现实情况往往表现为,他总是拥有一个全能的母亲和一个软弱的父亲。也就是说,他所遭遇的是一个有部分缺陷的父性法则,母亲不仅剥夺了父亲的阳具,还把自己的孩子当作其欲望的享乐工具。换言之,母亲把孩子当作阳具本身,而不是一个历经阉割而获得父性法则的、拥有阳具的主体。因此,他们就无法充分获得来自父亲的阳具性意义。从这个层面来说,父性功能的缺失让倒错主体与父之名直接遭到除权的精神病主体呈现某种程度的一致性。然而需要澄清的是,精神病主体的父亲是一种完全的缺席——例如童年生活中从来没有行使父亲功能的人出现,而倒错主体和癔症性疯癫主体的父亲则是一种缺失的在场——例如父亲虽然在家,但却因为过于软弱而毫无话语权,因而,不能把后两者简单等同于精神病主体。

以作为一种癔症性疯癫的癔症男性为例。癔症男性并不像一个强迫症主体与父亲保持着一种竞争关系,而是以癔症症状的形式,将压抑物返回,从而去认同父亲。例如,癔症男性虽嫉恨父亲,但总是借由压抑机制,将恨转化为爱,从而像一个女人一样爱父亲。这是因为癔症男性在面对大他者的欲望时,迫使自身的欲望让步了。他不愿知晓主体的真相,面对阉割的威胁,只能以一种退行的方式呈现。但从反面来说,主体的退行又在另一个层面上维系了部分的父性功能,因为他能够找到一种间接的方式去展现自己的阳具价值。一个典型的例子是唐璜式的花花公子。他们总是需要寻求不同的女人来证明自己一息尚存的阳具功能,然而却无法如同一个男性一样对自己的欲望负责,因而总是在占有女性后又迅速将其抛弃。这种将女性当作欲望对象而非将其物化并推向死亡的立场,让他在结构的层面上更接近癔症而非强迫症。

总之,癔症男性由于性别位置的变动,会呈现以下两种差异。第一种是拒绝让自己成为女人,所以想方设法让父亲成为女性,例如在艺术中付诸行动,这令他更接近精神病。一个典型的例子就是中世纪的画家海兹曼(Christoph Haizmann,1651—1700),他在绘画中总是试图将父亲呈现为一个拥有女性身体的魔鬼形象。另一种就是接受了自己在女人的位置,从而在症状呈现上更接近神经症。我们在日常生活中接触到的"娘娘腔",从某种程度上来说更契合这一类别。而决定癔症男性最终导向精神病还是神经症的,正是其面对有缺陷的父性功能的不同姿态。如果他能够在一定程度上认同阉割,那么部分的父性功能就得以被注册进主体秩序当中,从而在症状的呈现上更接近神经症;倘若面对父亲的阉割,他采取了强烈的拒绝姿态,而返回到对母性大他者的过度认同当中,那么他就如同父之名遭到除权的精神病一样,具备了妄想发作的可能性。

父之名

　　父亲的介入打破了婴儿想象的母婴二元关系,他对婴儿朝向母亲的欲望发出了禁令,这样的禁令正是通过话语来表达的,因此,"父之名"正是这样一个表征着语言功能的特殊能指,它为这个孩子带来了法则和禁忌,为他进入社会和建立与他者的联结,提供了必要的语言功能。

　　从这个角度去理解精神病患者,在他们身上存在的问题就是"父之名"的缺失,这让他们从一开始就未曾占有社会秩序和习俗,他们的欲望无法得到确认,只能被排除在法则之外。他们因而也无法对他人的意图进行正确的解读,无法在群体中有归属感,也无法回答"我是谁"。

强迫的逻辑

在拉康的语境中，强迫症和癔症是隶属于神经症的一对基本结构，分别对应男性位置和女性位置。有关癔症的逻辑，我们将会在第三章中进一步澄清。作为一种男性位置的精神结构，强迫症并不单单指涉一种精神病理层面的强迫症状，而是与性别位置、享乐模式、客体关系、阉割效果等一系列关涉主体性结构的基本立场相联系。

要理解拉康派的强迫症逻辑，首先我们需要区分几种不同的性别立场，即生理性别、社会性别和心理性别。

生理性别是在解剖学意义上的性别，也是最普遍意义上对性别的区分。社会性别是在社会学和文化学意义上界定的性别差异，从某种层面来说，它与心理性别一样，都属于一种本质主义。也就是说，性征一旦形成，便具有一种同一性和恒定性，区别仅在于生理性别是自然主义的，社会性别是文化主义的。那么，拉康所谈论的心理性别相较于前两者，又有什么根本差异呢？

拉康所谈论的性别差异，从根本上来说是一种无意识的心理现实，是主体在语言结构中的位置与关系，取决于性别经验在主体间的关系中的流转方向。也就是说，它并不具有某个性别主体的规定性，而是完全流动的——我们在传统的生理性别上界定的性别差异，往往是高大威猛的"直男"形象和文静柔弱的"直女"形象，平权运动则赋予了"假小子"和"娘娘腔"存在的合理性——男性也可以涂脂抹粉，女性也可以抽烟喝酒。然而，这种对传统性别形象的颠覆，何尝不是在以一种否定的方式变相承认前者被赋予的正统性？在精神分析当中，否定作为一种基本的防御机制，总是在无意识层面迂回地抵达欲望的真相：当某位女权人士执着于男性装扮、短发、抽烟、文身，甚至热衷于在同性恋关系中佩戴假阳具来进入主动的性别关系，从表面上看，她貌似是在对抗不平等的社会性别地位，然而这些被她所深恶痛绝的男性标签，却又以另一种吊诡的方式重新拼接到她的身上，仿佛"假小子"才是女权主义的唯一出路。这何尝不是陷入了另外一种强迫逻辑的规定性当中？

那么，在强迫症一端又是怎样的情形呢？上文我们已经谈及阉割的效果：主体经由父亲的阉割，遭遇到法则和禁忌，从而得以进入符号秩序和文明社会当中。另一个效果是，父性隐喻的引入令他获得了阳具的意义。阳具不仅仅是生理层面的阴茎，还具有一种普遍的符号意谓。国内有学者将phallus一词翻译成"石祖"，是在人类学层面赋予了阳具本身的价值。如果我们追溯文明的踪迹，就不难发现，无论中西方，都存在一种阳具崇拜的现象。正如拉普朗什（Jean Laplanche）[1]等人在《精神分析辞汇》（*Vocabulaire de la Psychanalyse*，1967年）中所说的："在远古时代，勃起的阳具象征着统治权势、魔法或超自然的超验阳刚特质，而非雄性能力各种纯然淫秽的变体。它象征着对复活以及能使之产生力量的希冀，象征着光明原则，不容阴影和繁复，且其维持着存在永生不息的统一体。具有勃起阳具之神的赫尔墨斯和奥西里斯具现了这种根本启示。"[2]

在谈及俄狄浦斯情结的相关论述中，我们已经谈及阳具本身在解剖学层面被赋予的意谓：男孩因拥有阳具而产生阉割焦虑，女孩因缺失阳具而产生阴茎嫉羡；男孩想要成为阳具来填补母亲的欠缺，女孩想要以为父亲生一个孩子的方式来占有父亲的阳具。总之，家庭原始结构中的欲望流转，始终围绕着阳具本身来运行，仿佛谁拥有了阳具，谁就成为欲望的主体。这是儿童成长过程中第一次意识到的阳具的权力价值。

1958年《阳具的意义》（*La Signification du Phallus*）一文中，拉康进一步赋予了阳具一种语言和能指的功能。阳具在交媾行为中的勃起和消退不再仅是一种闺房文学，而是一种萨德[3]意义上的

---

[1] 拉普朗什（1924—2012），巴黎第七大学的名誉教授。他在法国大学出版社（PUF）主编了三部精神分析文集，并主持翻译了弗洛伊德精神分析全集的法文版新译本。

[2] Laplanche J. Vocabulaire de la Psychanalyse [M]. Paris: PUF, 1967 : 336.

[3] 指唐纳蒂安·阿尔丰斯·弗朗索瓦兹·德·萨德（Donatien Alphonse François de Sade，1740—1814），法国贵族出身的哲学家、作家和政治人物，是一系列哲学书籍的作者。

闺房哲学，是一种在场和缺席的欲望辩证法，表征了一种不可满足的欲望和伴随而来的剩余享乐之间的悖论。因此，阳具的在场是一种原始统治力量的显现，是原父所持的权力之杖，而阳具的缺席则意味着一种阉割，面对强大的原父而不得不放弃对始母的欲望，转而在其他女性身上寻求欲望的可能性。拉康在其著名的性化公式的左边，用一种纯粹逻辑的形式指出了两个看似矛盾的观点：其一，对所有主体来说，阳具功能都是有效的；其二，至少存在一个不服从阳具功能的主体。通过这样的悖论性表述，拉康赋予了阳具和阳具的最初拥有者即原父，这样一个在场的空位：每个主体都因被父亲阉割而生长出新的阳具，然后又因获得了阳具而成为下一任父亲。

但问题在于，每个父亲在成为父亲之前都曾是一个儿子，那么如果我们进行逆向的逻辑推演，往上溯源的话，究竟存不存在一个无须被阉割而先天就拥有阳具的父亲？这样的原父起码在逻辑上是能够成立的，但如同鸡生蛋还是蛋生鸡的悖论问题一样，原父不过是一个被构想和塑造出来的原初大他者，如同上帝一般，谁都没有见过他，但他却是一个普遍公认的存在。这便是强迫症的欲望真相：主体如同一个想要成为父亲的孩子，试图通过不断努力工作获得一个更加肿胀的阳具，一个表征着权力意志的符号，从而成为世俗意义上的大他者。然而那个让他试图抵达的原父位置，不过是一个逻辑上的空位，一个作为欲望之因的对象a①，一个无法被化约的$\sqrt{-1}$。

相对于癔症总是在情境中及时行乐，强迫症只能在语言游戏中延宕享乐。情境意味着一种生机，它赋予了事物诸多的可能性和意义的开放性，但这对于强迫症来说，又构成了另外一个原始焦虑：如何能够保证自己的阳具出淤泥而不染，在一片流云中高高耸立呢？对强迫症来说，可能性和开放性意味着风险的发生，阉割焦虑不断推动着他拒绝生成的可能性，拒绝每一个大他者到来的可能性。因此，唯有将一切冒出的当下的欲望对象扼杀在摇篮之中，才能免受被阉割的可能。在日常生活中，我们总是发现那些不断被阉割焦虑充斥着的强迫症主体，在面对一切可能的大他者时，总是充满了挑衅和攻击，似乎只有把那些权威纷纷拉下马，才能够唯我独尊。而这种朝向大他者的侵凌性，却总是只能通过玩弄文字游戏表现出来：因为，脱离了情境的语言才足够安全，引经据典、旁征博引可以让逝去的古人为自己站台，而不必承受被活人指责歪曲盗用的风险。

另一方面，相对于癔症所围绕的男女问题，强迫症对生死问题提出了一种存在性发问。正如哈姆雷特那句著名的犹疑："生存还是死亡，那是一个问题。"对强迫症来说，是生存还是死亡，同样构成一个根本问题。生存与死亡在这里并非一个自然主义的

---

① 对象a在本书第三章会具体论述。

问题，而是一个存在主义的问题。也就是说，强迫症所考虑的并不是人作为一个机体在世界上的存在与消寂，而是作为一个主体在世界中的构成方式。生存意味着主体在世界中是流动不居的，能够因循某种规则在自身的结构层面进行拓扑变形，是一种活生生的存在；死亡则意味着主体以一种永生的形式被完全定型，成为人类历史上的一个标本、一座雕像。强迫症正是围绕着这样一种向死而生的逻辑运转的。他所追求的死亡状态，便是以一个原父的形式被永远保存下来，为世代所景仰和铭记，成为一个被雕刻下来的永远勃起的阳具石像。在日常生活中，我们总是看到那些强迫症热衷于著书立说，或者构建弘大理论，好让自己的思想以一种僵死的石碑的形式，被永恒留存下来。

因此对于强迫症来说，为了抵达那个最为雄壮的勃起时刻，为了迎接一首英雄主义诗歌的最高潮时刻的来临，他需要不断地踌躇准备，通过不断的前戏预演事件的发生，但却拒绝真正行动的到来。因为一旦行动起来，便意味着旧有的秩序遭到破坏，那些精心设计的剧本开始以一种不被完全掌控的形式表演起来。这便是强迫症的焦虑所在：一旦高潮真正到来，射精的那一刻便是消肿的开始。那个佯装强大的阳具将快速退缩成那个被包皮裹挟的小鸡鸡，重现时刻被阉割焦虑所支配的恐惧。而为了抵抗那个创伤性的原初场景的来临，射精对强迫症来说就成为一件不可能的事情。

流动的心理性别与强迫症的欲望真相

拉康所谈论的性别差异,从根本上来说是一种无意识的心理现实,它并不像生理性别或社会性别那样具有恒定性,而是完全流动的。

我们在传统的生理性别上界定的性别差异,往往是高大威猛的"直男"形象和文静柔弱的"直女"形象,平权运动则赋予了"假小子"和"娘娘腔"存在的合理性——男性也可以涂脂抹粉,女性也可以抽烟喝酒。然而,这种对传统性别形象的颠覆,何尝不是在以一种否定的方式变相承认前者被赋予的正统性,从而陷入了强迫逻辑之中?

这便是强迫症的欲望真相:主体如同一个想要成为父亲的孩子,试图通过不断努力工作获得一个更加肿胀的阳具,一个表征着权力意志的符号。

滑动的能指

拉康认为人是一种语言的存在,一个言说的主体,这一观点引入了拉康思想中的一个基本概念,即能指的问题。能指是与所指(signifié)相对的概念,本身是一个语言学的问题。在语言学家索绪尔看来,能指是构成一个语言符号的声音和形象,而所指是这个符号的概念和意义。例如在"tree"这个英文单词中,能指指的是"t-r-e-e"的字母拼写以及它的发音 [tri:],而"树"这个概念就是它的所指。索绪尔遵循的是一种惯常的本质主义观点,也就是意义在形象之上,形式只是对内容的包装而已。因此,所指在逻辑上优先于能指。另外,索绪尔也认为所指和能指是一种相对应的表征关系,二者的结合才使得符号被赋予了意指的价值。

这样一种本质主义的观点,显然不会让关注无意识运作逻辑的拉康满意。如果话语真的是一种对真理的表达,那么口误和过失行为何以可能?在这里我们有必要引入萨特(Jean-Paul Sartre)[①]的"自欺"(mauvaise foi)的概念来论证这一点。萨特认为,荡

---

① 让-保罗·萨特(1905—1980),法国20世纪最重要的哲学家之一。

妇掩盖约会中的性意图，小偷将贪婪归罪于自我惩罚的俄狄浦斯欲望，这些都是通过自欺来达到目的的一种无意识行为。在这些自欺行为中，主体都通过将自己视为一个他者而非自我，以掩盖自身的自发性。这是因为无意识阻断了解释这些行为的心理要素，将它们限制在稽查机制的范围内，因此，自欺行为就成为被压抑的欲望以变形的方式寻求在现实层面的表达。

所以从表面上看，自欺与说谎一样，"都掩盖了一个令人不快的真情或把令人愉快的错误表述为真情"。但实际上，自欺与说谎有着本质差异。说谎者自身是知道事实真相的，因而他对事实的否定并不指向自我意识，而是指向他者。而自欺恰好相反，它是一种对自我的隐瞒，然而自我本身又是知晓真相的。这就产生了一个悖论，即自我既知道真相，又对自己隐瞒真相；一边对自己说谎，一边又相信这个谎言。在此我们可以看到，无论是坦诚还是说谎，实际上都是一种意识层面的本质主义，因为它的背后都有一个主体对自身欲望的确信。而自欺有意思的地方就在于，说谎者连自己都骗过了：这是主体在无意识层面对欲望的阻抗，所指和能指的对应关系在无意识的维度遭到了瓦解，只能以一种在能指上滑动的形式被表述出来。比如，一个偷情者面对妻子的突击检查，慌乱地向妻子解释："我刚刚在船上。"这实际上泄露了他在床上的真相，而"床"向"船"的滑动，是他力图躲避道德稽查的最后挣扎。

因此，拉康重新改写了索绪尔的能指公式（如图2-1），这一改写主要表现在以下几个方面：首先，能指优先于所指，所指只是能指运作的意义效果，并且，能指是依据任意性和差异性原则运作起来的；其次，能指是一个不携带意义的空壳，本身只是一种空洞的声音形象；最后，"一个能指为另一个能指表征着主体"。下面我们依次解释这三点。

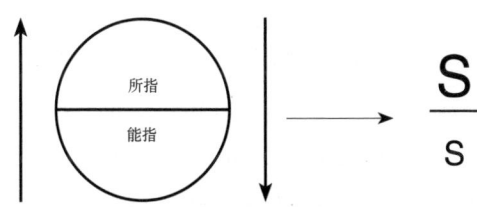

图2-1　左边是索绪尔的能指公式，右边是拉康的公式

相较索绪尔，拉康将能指的优先性放置于所指之上，从哲学的层面来看，这是一种彻头彻尾的反本质主义和反逻各斯中心主义[①]。从柏拉图发端的西方传统形而上学一直将理念视为一种最高的本质，具体事物不过是对理念的"分有"而已。以上文的"树"为例。在柏拉图看来，存在一个唯一不变的树的本质，也就是使树之为树的最高规定性，而无论中文对其的命名"shù"，还是英文的"tree"，又或是法文的"arbre"，都是围绕着"树"这个最高

---

① 逻各斯中心主义是西方形而上学的一个别称，这是德里达继承海德格尔的思路对西方哲学的一个总的裁决。顾名思义，逻各斯中心主义就是一种以逻各斯为中心的结构。"逻各斯"出自古希腊语，为λóγος（logos）的音译，它有内在规律与本质的意义，也有外在对规律与本质的言语表达的意义。

理念所摹写的分有而已。但对于拉康来说，"树"这样的本质本身是不存在的，因为声音在这个概念本身被制作出来之前已经被表述出来了。当一个人发出"shu"这个声音的时候，我们并不知晓他在说"树"还是"数"，但我们却依据自身的经验和情境——例如他正指着一棵树发出"shu"的声音——理所当然地认为他在说的是"树"。但如若不巧，这位人士恰好是一位精神病患者，在幻觉发作的时候把眼前的树当作了自己的"叔"呢？

以上这个蹩脚的例子，让我们看到了能指的空洞性。如果一位对中文一窍不通的英国人发出"shu"的声音，由于我们在英文的框架中根本找不到任何一个相符的发音，因而只能认为这可能是一个毫无意义的语气词而已。如果您"不幸"成为一名精神分析师的话，或许您在工作中常常会遭遇到这样的困境：来访者坐在对面口若悬河、夸夸其谈，甚至无法让你找到任何打断的时机，但你却丝毫无法在这些言谈中提取任何"有用"的信息。是的，这些被拉康命名为"空言"的言谈本身，就是不携带任何意义的"废话"——一些空洞的能指游戏而已。如果你带着一种建构的目的在意识和理智层面寻找它们的意义，必然会遭到来自言说主体的阻抗。但事实上，主体的无意识真相不被锚定在能指的所指之上，而恰好在所指上方的不断滑动的能指之上，是能指在玩着置换把戏的缝隙中，不经意流落出来的"实言"碎片。因此在分析会谈中，来访者那些不经意间的口误和过失行为，才显得如此重要——它们越过了来访者的理性稽查，以一种猛然而至的方式闯进话语当中，试图声张被掩藏的欲望真相。

进一步,我们也最终可以看到主体是如何在能指的滑动游戏中被表征出来的。能指的滑动游戏意味着总有一个能指不断地被另一个能指替代,也就是说,主体永远将被下一个能指所表征。这一表征过程始终进行,永远无法完成。正是在这个层面上,我们看到了语言在表征主体时的一种根本性的无能——主体当中总有某些东西是无法被能指表征的。但反过来,也正是通过这种不可能性,语言的游戏将永远进行下去,主体将不断言说。在这种不断言说的过程中追求无意识的欲望真相,便是主体的享乐之道。我们仅仅用一个日常生活中的哲学提问,就可说明这一点,即"我是谁"的问题。或许您可以用任何一个身份来描述"我":例如,我是一个精神分析家。但很快我们就会发现,这样的描述并不足以完全定义"我",精神分析家是什么?以精神分析为职业的工作者。那精神分析是什么?弗洛伊德和拉康所阐述的某种思想。那弗洛伊德和拉康又是谁?我们会发现,无论如何追根溯源,"我是谁"这个根本问题始终无法得到解答。并且随着意义的不断绽出,或许这个问题将会变得如斯芬克斯之谜一样,最后成为一种理性的狡计。

发疯的机器

被能指网络搭建起来的符号界，为拉康对主体的临床结构的二元区分（神经症/精神病）构造了一个系统的解释性框架。作为主能指的父之名的除权与否，标志着主体是顺利经受了阉割从而被注册进符号界，成为一个神经症主体，还是因父之名的除权而被排除在符号界之外，只能在茫茫的实在界[①]荒漠中流浪，成为被社会系统驱逐的精神病主体。在很长一段时间内，这种范畴论表述成为诸多拉康派临床工作者进行鉴别和诊断的一条黄金准则。

再者，由于拉康在控制论[②]中发现了能指网络中所隐含的重复性递归现象[③]，被语言和能指所异化的主体，似乎被彻底剥夺了人之为人的自由意志。人的欲望是大他者的欲望，主体是被能指所表征的，而能指本身又是一具空壳……诸多论断都指出了这样一

---

① 实在界：与想象界、符号界一起，构成了拉康的三界拓扑学理论。实在界意味着无法被符号所表征、绝对抵制符号化的领域，是一种根本的不可能性。
② 控制论：研究生命体、机器和组织的内部或彼此之间的控制和通信的科学。
③ 拉康在对能指运作的游戏中发现，能指遵循一种重复性递归的法则，如同一种控制论式的计算机算法。

个惊人的事实：人所穿着的引以为傲的华丽衣裳——他的身份、地位，他被赋予的神圣性——不过是一袭爬满了被不断复写的符号"虱子"的袍而已。如同某些游戏中玩家购买的装备，因为可复制的属性而成为千千万万的赝品。而讽刺的是，人们却乐此不疲地热衷于被编码归类，津津乐道地谈论着自己属于某星座、某结构、某类型，仿佛这些范畴本身能够帮助人们发现自己的主体真相，殊不知，他们只是在能指的"0-1"网络中多跑了几圈而已。

但实际上，即便被语言所异化的人为了构造秩序而进一步将世界编码成一种井然有序的符号系统，当我们逆流回溯不断运行的能指链时，却会发现占据着源头的主能指，不过是一个空集，一个无法被化约的$\sqrt{-1}$。这正是庄子所谓的"泰初有无，无有无名；一之所起，有一而未形"。万物秩序的起源不过是一团由无而始的混沌。而当我们把被符号迭代而形成的分形龙无限点击放大以后，不免发现其中处处存在着错位编码，只不过由于迭代的次数足够多，这些微不足道的偏差被淹没在了人类辉煌文明的宏观叙事当中而已。为了一个完美新世界的落成，那些拒绝被编码和符号化的异端和疯子就被悄无声息地戴上了镣铐，送上了愚人船[①]，被发配到了世界尽头和冷酷边境。而那些占据着能指链条高位的异化

[①] 愚人船（Narrenschiff）是福柯在《疯癫与文明》中使用的一个意象，极具象征意义。为了形象地表现疯癫的状态、本质以及与社会文明的关系，福柯从16世纪荷兰画家耶罗尼米斯·博斯（Hieronymus Bosch）的名画的主题"Bateau ivre"或"醉鬼船"中寻找到灵感，并结合"水"这一奇异的特质，把醉鬼船与水奇妙地结合在一起，构造了一艘"愚人船"来形象地表现疯癫。

主体，由于获得了充分的社会资源和话语空间，洋洋自得地成为时代的主人，躲在机器和网络的背后，操控着世界的运转。但讽刺的是，为了设计出可供淫乐和杀戮的"西部世界"，他们不得不把自身也化约成一连串编码，好被完美嵌套进符号世界的网络系统中。殊不知，机器并非纯然依循编码逻辑就能永远完美运转，任何躲过监测的细微偏差都有可能如同变异的病毒，最终掀起一场蝴蝶效应的飓风。

第三章　痛快的女人

Chapter Three

1976年,法国巴黎,在索邦大学(Sorbonne University)授课现场的拉康。相比弗洛伊德,拉康无疑在女性问题上走得更远。他从来不会放弃鼓励学会的女性成员在学术上施展抱负的机会,自然也不会用"阴茎嫉羡"这个让人产生贬义联想的术语去形容她们的野心和抱负。

第三章 痛快的女人 153

如果我们要找一个中文词来形容拉康眼里的"真正的女人"（vraie femme）的话，那么"痛快"无疑是最合适的备选之一。

真正的女人

当然，我们首先有必要解释一下"真正的女人"是什么。"真正的女人"并不是为了和某种"虚假的女人"相对来说的，在拉康派精神分析的概念世界中，并没有所谓"虚假的女人"这一概念。"真正的女人"也并不是生理解剖学意义上的女人，或者说，一个解剖学意义上的女人并不一定是"真正的女人"；而某些男性——虽然拉康不会用"真正的女人"这个说法去形容他们，但他们完全可以处在一个女性的位置（position féminine）上①。

那么我们可不可以说，"真正的女人"指的是心理层面的女人，即具有所谓常见的女性性格特征的人呢？这是一个不严谨的说法，因为这意味着我们首先要定义常见的女性性格特征是什么，而在这里我们相信，这种定义很容易流于世俗的偏见。即使是历史上的一些著名女性分析家也不能免俗，她们的定义也不能保证她

---

① 比如拉康在第20本题为"再来一次"的《讨论班》中说道："当我们是男人时，我们不一定要位于∀xΦx（男性）这一端，我们同样也可以位于'并非全部'这一端。"关于男性的这一端——也就是"全部但有一个例外"，和女性的"并非全部"，我们下文中会提到。

Lacan J. Le Séminaire Livre XX: Encore [M]. Paris: Seuil, 1975: 70.

们不会招致女性主义者的攻击。[①]但是这种说法可以帮助我们在经验层面，窥见拉康试图通过"真正的女人"所指称的对象。换句话说，有一些女人或者某个女人一生中的一些时刻呈现某些特征，这种特征让我们可以说，她们处在一个"女性的位置"上。对位置的强调意味着这种特征并不是一成不变的，甚至是不和其他位置相斥的，比如作为母亲的位置。

因此，从并不学术的角度来说，"真正的女人"可能接近经验中所谓更加女人的女人。但如果这个"更加女人"的女人的特征引起了某些男性的幻想的话，他们可能就要失望了。因为精神分析的经验告诉我们如下事实："对于男性来说，他们总是会感到惊讶的：当他们以为在和最最讲理的女性打交道的时候，他们现在必须考虑最讲理的变成了她们中最最不讲理的。"[②]如果存在某种"不可阻挡的"（unstoppable）女性特征的话，那么它与日常所谓的"女人味"没有任何关联，毋宁说，它总会让男性或者女性自身感到出乎意料。

好吧，如果我们要说"真正的女人"是相对什么来提出的话，我们可以说，"真正的女人"不是母亲，换句话说，女人不等同于母亲。

---

① 女性分析家在这一议题上往往更加激进，感兴趣的读者可以参考1928—1932年，精神分析学界卡尔·亚伯拉罕（Karl Abraham）和卡伦·霍妮（Karen Horney）等人关于阳具期的争论。

② Laurent E. Feminine Positions of Being [M]//The Later Lacan, New York: State University of New York Press, 2007: 241.

母亲的身份可以说是弗洛伊德的理论为女人设想的归宿，她的幸福在于获得一个她所爱的男人的孩子，用这个孩子代替她童年没有但又渴望拥有的阴茎，这就是所谓的阴茎嫉羡。弗洛伊德的这一理论，自然摆脱不了保守的维多利亚时代的束缚，而这一理论的发展，和他自己年轻的时候对未婚妻的态度又可以说是一脉相承的。[1]当时他期待以后的妻子能够成为家庭主妇，并不鼓励她任何事业上的野心。我们无意为弗洛伊德的这一理论辩护，但是可以提醒大家注意，他的这一理论并不只是出自他的偏见，反而更多的是来自他的临床实践。人们经常把他的理论拿出来，进行断章取义式的评判，一方面因为他的理论太过具有争议性——即使在今天看来也是如此；另一方面，也因为他的著述本身相当复杂繁多，这在客观上加剧了很多群体对他的误解。

然而，拉康无疑在女性问题上走得更远。作为生活中的爱人，他不会像弗洛伊德对玛莎（Martha）那样，采取一种传统父权制下的保守态度，相反，只会坚持为他的爱人送去各式各样的绿色植物和珠宝[2]；作为巴黎弗洛伊德学会（École Freudienne de Paris）的创始人，他也从来不会放弃鼓励学会的女性成员在学术上施展抱

---

[1] 参见他给妻子玛莎的信："似乎完全无法想象让女人也像男人一样投入到为了生活的斗争中。比如，我应该把我甜美的爱人视作一个竞争者吗？这种情况下，最后我会对她说——像我17个月前已经做过的那样，我爱她，我愿意尽一切可能让她免于这种竞争，我认为她主要的领域就是家庭安宁的活动。"

Freud S. Correspondance 1873-1939 [M]. Paris: Édition Gallimard, 1979: 87.

[2] Millot C. La vie avec Lacan [C]//L'Infini, Paris: Gallimard, 2016.

负的机会[1]，自然也不会用阴茎嫉羡这个让人产生贬义联想的术语去形容她们的野心和抱负。当然，相比这些限于他个人生活风格的内容来说，他对女性问题最大的贡献，在于创造了"并非全部"（pas-tout）这一术语。

简而言之，女性并非全部服从阉割的逻辑，她们拥有另一种可能性，相比男性来说，她们可以获得一种额外的享乐（jouissance supplementaire）。与这个"并非全部"相对的是男性的逻辑"全部但有一个例外"——所有的男性都服从阉割的法则，但是有一个例外，也就是弗洛伊德图腾与禁忌中的原父[2]，正是因为这个例外的存在，我们可以把全部男性视作一个集合。但是正是因为没有这样一个例外的存在，我们不能把女性视作一个集体，只能一个一个（une par une）看待，例外的缺席使得她们无法构成一个封闭的集合。这些内容属于拉康在20世纪70年代通过一种逻辑的方式对女性问题的贡献，"并非全部"以及"全部但有一个例外"属于他的性化公式提出的内容。我们这里暂时把他的这一理论提出但不做进一步的说明，之后再回到这个问题上。

现在，我们可以尝试跳出逻辑问题，从经验层面把握拉康关于女性问题的贡献。因为女性"并非全部"，所以她们不是一个封闭的集合，自然也就没有命运中必然作为母亲的安排。换句话说，

---

[1] Soler S. Ce que Lacan disait des femmes [M]. Paris: Editions Nouvelles Du Champ Lacanien, 2019.
[2] 史前神话中的"原父"被认为是拥有所有女人的男人，后来他被结成联盟的儿子杀死，成为部落的图腾。

拉康不会鼓励女性成为母亲或者不成为母亲。在他的分析者的讲述中，有的人在经历了一段时间的分析之后，从不想做母亲到下决心成为母亲，他举双手赞成；反过来，对于不想成为母亲的人，作为分析家，他也不会做出任何干预。拉康派精神分析在这里特别强调每个人的独特之处，而并不宣扬某种普世的道德判断。当然，弗洛伊德在分析中也不会在这个问题上给出明确的建议，之所以招致来自女性主义者的批评，更多是他的理论渗入大众生活或者社会话语中产生的后果。分析中的重点当然不在于一个女性是否要成为母亲，而在于她通过分析明确了自己的欲望，获得了在这一问题上选择的自由，从而不再迷失在社会或者家庭的舆论旋涡中。

并非全部

拉康对女性问题最大的贡献,在于创造了"并非全部"这一术语。

与这个"并非全部"相对的是男性的逻辑"全部但有一个例外"——所有的男性都服从阉割的法则,但是有一个例外,也就是史前神话中的原父(他被认为是拥有所有女人的男人,后来他被结成联盟的儿子杀死),正是因为这个例外的存在,我们可以把全部男性视作一个集合。

但是正是因为没有这样一个例外的存在,我们不能把女性视作一个集体,只能一个一个看待。也因为她们不是一个封闭的集合,自然也就没有命运中必然作为母亲的安排。

换句话说,拉康不会鼓励女性成为母亲或者不成为母亲,分析的重点在于明确她自己的欲望,从而获得在一个问题上选择的自由。

女人和母亲

从理论上说，女性不是母亲，意味着这两个词被截然区分开来。

精神分析理论往往会倾向考虑母亲的角色，这一点尤其以梅兰妮·克莱因（M. Klein）[①]开创的客体关系学派最为著名，代表就是克莱因提出的两种位态[②]——意味着孩子感受到的和母亲之间的两种关系模式。这一理论虽然可以说填补了弗洛伊德对于早期母子关系这一领域研究的空白，但是我们要注意到，弗洛伊德并非不注重母亲对于孩子的影响，以及这种关系中出现的问题可能招致的神经症后果。

精神分析作为一种实践，它的理论也是基于临床实践而来的提

[①] 梅兰妮·克莱因（1882—1960），奥地利精神分析学家，儿童精神分析研究的先驱。她被誉为继弗洛伊德后，对精神分析理论发展最具贡献的领导人物之一。克莱因对精神分析的贡献，主要是她基于弗洛伊德之思路所发展的客体关系理论。她认为，人类行为的动力源自寻找客体，即人类关系的建立与发展，而非弗洛伊德所强调的寻求快乐。

[②] 这两种位态分别是"偏执分裂位"和"抑郁位"，前者是婴儿4个月内的客体关系的主要特征，特点是母亲分别作为"好客体"与"坏客体"的分裂；后者是"偏执分裂位"结束之后出现的客体关系形态，此时孩子能将母亲领悟为一个完整的对象。

炼和假设，而在临床中，最容易成为分析素材的就是来访者和母亲的关系。比如我们会看到，弗洛伊德的个案中，小汉斯对马的恐惧源于父亲在母子关系中的缺席——他没有发挥一个禁止性的角色。例如母亲甚至有办法在小汉斯面前换内裤，这导致小汉斯需要通过建立对马的恐惧，以便为自己的焦虑竖立一个边界，因为缺少这个边界的话，他会焦虑不知道被带向何方[1]。这里，拉康会把母亲的角色设想为是吞噬性的，孩子则会尽一切可能满足母亲的欲望，但这种尝试注定是失败的，因为他只是一个孩子，不可能满足母亲对男人的期望。正常情况下，父亲应当在这个时候介入，或者母亲自己为孩子施加这个原则，禁止他将母亲作为欲望的对象。但这个个案中，由于父亲没有发挥应有的角色——小汉斯甚至时常呼唤他的怒火，但是父亲太过软弱——导致孩子直面自身无能的事实。他被母亲的欲望折射出的巨大空洞所笼罩，由此引发的焦虑导致他只有借助对马的恐惧，才能在一定程度上得到安放和缓解。

而在女性的临床案例中，在和父亲的关系背后，往往是来访者和母亲的关系构成了其精神病理学的更重要因素。对此，我们满足于只提出一个在经验中并不罕见的现象，也就是女性对于自身女性身份的构建，是很难通过来自母亲的传递来完成的。换句话

---

[1] 参见弗洛伊德的小汉斯个案，以及Lacan J. Le Séminaire Livre Ⅳ: La relation d'objet [M]. Paris: Seuil, 1994.

拉康说道："他害怕的不是与母亲分离，而是被她带向不知道哪儿的地方。这个元素，我们在观察中到处都可以撞见——只要他和母亲是粘在一起的，他就不再知道自己在哪儿。" P. 328

说，如果说父亲可以经常为男孩子竖立一个男子气概的榜样的话，女孩子从母亲那里获得一种女性价值的传递，则往往困难得多，最常见的情况就是她不愿意重复过母亲的生活，甚至选择某条不同的道路以便逃离母亲——这里我们可以联想到火遍全球的小说《我的天才女友》中的莱侬，她说到，她认同小伙伴莉拉，就是为了逃离母亲。

这种父亲和母亲的传递的差别，我们也可以从刚才提到的性化公式的逻辑来理解。在现实经验中，父亲之所以经常可以成为男孩的榜样，是因为所有男性都服从阉割的逻辑，换言之，在男性这一边存在某种普遍的价值，也就是阳具的价值。翻译成现实生活的语言就是，男性都追求更高、更快、更强、更有力量、更加伟大。所有的男人通过原父——也就是神话中享有所有女人的男人，或者说是上帝——这一唯一的例外，确立自己的位置。男人和原父的关系，可以用数学家弗雷格（Friedrich Frege）的《算术基础》（*The Foundations of Arithmetic*）中从0和1的关系做类比。当时，他在探究自然数序列的逻辑基础。他论证到，正是因为有0，人们才可以从1数到2，从2数到3，并一直数下去，或者说，所有从1到2以及之后的序列，都来源于从0到1的过程，这个过程是开创性的。在精神分析中，我们可以说所有的男人都是1，而这个原父是0，他具有一个截然不同的地位。代入到具体的事例中，我们可以看古代皇帝的世系——所有皇帝都是某个自然数，比如秦始皇、秦二世，但是所有皇帝的权力并不是因为他们是上一位皇帝的儿子，而是来自"天"，是"天"开创了这一世系，所以有所谓"天子"和"君权神授"的说法。这里的"天"发挥的作用就是0，它开创了从1到某一个数字的序列。这里的重点不在于这一过程的真实性，比如到底"天"存不存在，而在于人们需要通过这样一个观念来确立统治的合法性，无论东西方，都是如此。

但是在女性这一边，没有这样一个例外的"天"或者"上帝"存在，每个女人都是完全不同的，不存在一个可以代表所有女人的女人。她们并不完全服从阳具的逻辑，代入我们刚才的例子中，女性并不总是追求更高、更快、更强，她可以追求让自己变得更有力量，也可以追求让自己变得更加脆弱——可能只是因为她在无意识中知道脆弱对于男人的致命诱惑。所以作为母亲，她无法为女儿传递一些"具有普世价值"的有关女人的观念，因为根本不存在这样一种普世的价值来告诉女人该如何生活。事实上，母亲和女儿反而容易形成一种互相竞争的关系——母亲嫉妒女儿身上展现的女性价值。所以，拉康选取ravage（蹂躏）这个词以概括母女关系。对于这种关系的展现，有兴趣的读者可以观看英格玛·伯格曼的电影《秋日奏鸣曲》（*Höstsonaten*）。

基于临床实践的精神分析，使得它的理论可以对母亲和父亲的角色有一个明确的定位。虽然不同分析家对母子关系的论述并不相同，但是这并不妨碍我们可以在某一框架下对它有一个清晰的认识。我们可以站在弗洛伊德的视角，强调俄狄浦斯情结对幼儿精神发展的重要性——男孩对母亲的欲望以及接下来他遭受到的来自父亲的禁止,对他未来爱情生活的影响。我们也可以强调克莱因对早期母子关系的重视,看他是否得以将好客体和坏客体整合到一个人身上,而不再处于非此即彼的分裂位态。通过临床得来的经验,有时精神分析的理论甚至会告诉我们母亲应当扮演的角色,比如温尼科特所谓"足够好的母亲"(The good-enough mother)——她并不是完美的母亲,但是她知道以稳定的方式回应幼儿的需要,既不过多也不过少。

但是回答了母亲是什么,并不能够让精神分析理论对女人或者说女性特质(或者翻译为女性性格,féminité)有一个清晰的认识。虽然精神分析的创立始于弗洛伊德对癔症女性的倾听,也就是著名的安娜·欧(Anna O.)个案,但是对癔症女性的认识,并不足以使得弗洛伊德跳出其所属时代的父权制框架,将女性从和母亲的关系、和男人的关系中"解脱"出来。他只能通过迂回的方式考虑女性特质的问题:或者是女性特质和男子气概(masculinité)组成一个对称的对子,一边是被动,一边是主动;或者是母性在女性生活中的浮现,也就是女性发展的目标在于成为母亲。这一局限使得弗洛伊德最终向玛丽·波拿巴[①]坦诚自己不知道"女人到底欲望什么",而这个欲望之谜,也因此成为精神分析的"黑暗大陆"(continent noir)。

[①] 玛丽·波拿巴公主(1882—1962),拿破仑的后代。她是弗洛伊德最忠实的学生,也是伯格街的常客。她不但以优雅的法文把老师的作品翻译成法语,更是在纳粹占领奥地利后花重金贿赂德军军官,把犹太裔的老师送到伦敦避难。

母女间的蹂躏关系

正是因为在女性这边,没有一个像"原父"这样的例外的存在,不存在一个可以代表所有女人的女人,她们因此并不完全追求阳具的意义。女性并不总是追求更高、更快、更强、更有力量,她也可以追求让自己变得更加脆弱。

所以作为母亲,她无法为女儿传递一些"具有普世价值"的有关女人的观念,因为根本不存在这样一种普世的价值来告诉女人该如何生活。

事实上,母亲和女儿反而容易形成一种互相竞争的关系——母亲嫉妒女儿身上展现的女性价值。所以,拉康选取ravage(蹂躏)这个词以概括母女关系。

至此，我们可以开始感受到拉康将女人和母亲区分开来，在理论上具有的重大意义。换言之，精神分析通过临床实践，让我们对母亲的角色有了明确、具体的认识，但是与弗洛伊德时代临床上最常见的女性——也就是癔症结构的主体——的工作，虽然可以丰富我们关于女性的知识，但是无法通向一种对女性的更直接的把握。这一点导致弗洛伊德及其一些后继者对女性和母亲的混淆，他们将成为母亲视为女性正常发展的必经出路。因此有些分析家，比如海伦妮·多伊奇，会强调女性的牺牲精神，主张女性应当放弃个人事业上的野心，以便全力支持她所爱的人。对此，拉康派当代著名分析家柯莱特·索莱尔不无讽刺地说道："海伦妮·多伊奇带着一种赞许的语气描述了这样一种类型的自我牺牲，虽然她自己远非这样一种类型的代表，但是她在那里认出了真正的女性特质。"[1]

当然，我们已经说过，将女性和母亲区分开来并不意味着女性不应当成为母亲，只是女性和母亲背后的逻辑并不相同。这一区分的重要意义在于我们不能通过母亲来定义女性，认为所有女性就应当成为母亲，或者试图通过母亲来代表女性。我们可以说，女性不同于母亲，甚至两者之间没有必然的连续性。这也意味着在我们考虑母亲的时候，我们同时也要考虑到她是一个女性这一事实，而这一点尤其容易被男性忽略。

---

[1] Soler C. Ce que Lacan disait des femmes [M]. Paris: Editions Nouvelles Du Champ Lacanien, 2019: 80.

拉康的女婿及继承人阿兰·米勒在20世纪90年代的教学中，曾经就母亲和女人的角色做出过这样一个区分，他说道："如果我们想要将母亲和女人区分开来的话，我们会说，母亲是请求的大他者，女人是欲望的大他者——这个大他者，我们不向她请求任何东西……但是她是我们审查的大他者，我们使之沉默的大他者。"[1]

我们先简要地回顾一下大他者（Autre）、请求（demande）和欲望（désir）这三个概念。

请求是联系与语言的，所有人类的需要（besoin）都要通过变成请求这样一种方式表达出来，才能让别人听到。对于婴儿来说，他所请求的对象就是母亲，母亲在他刚出生的时候，不只是他认识的一个对象，而且可以说是他的全部世界。当然，这个时候婴儿无法说话，母亲通过猜测判断他的需要，并把这种需要翻译成语言。逐渐地，孩子可以通过语言去表达他的需要，比如他想吃什么或者他要上厕所。

说母亲作为他的大他者，不等于说母亲就是他的全部世界，而是作为他的请求所求助的对象，我们在这里可以简单理解为婴幼儿的世界都是围绕着母亲转的。这里有个有趣的地方，也就是关于请求的辩证法。拉康区分了两个时刻——它们在现实生活中不一定能够被严格区分，但是这两个时刻在逻辑层面是不同的。在第一个时刻，孩子会发现母亲并不总是能够满足他的需要，母亲

---

[1] Miller J A. MÈREFEMME [J]. La Cause du Désir, 2015（1）：115—122.

经常不在他身边，由此他开始明白母亲有时候是在的，有时候是不在的。弗洛伊德的小外孙在这个时刻会拿一个缠线板，把它扔出去再收回来，同时发出某个音节，也就是著名的**fort-da**游戏。在这个时刻，他所做的就是试图符号化母亲的在场和不在场，他通过这样一种游戏试图让自己接受母亲有时候不在场这个事实。

在第二个时刻，孩子会发现，即使他可以通过呼唤让母亲到来，但是他是否能够得到满足，依然取决于母亲的意愿，因为母亲会拒绝满足他，比如出于他的健康考虑。母亲可以拒绝他的这个事实让母亲的身份发生了转变，原本母亲以在场和不在场交替的形式出现，被孩子化约为可以扔出去、拉回来的缠线板，但是因为母亲可以拒绝她，母亲成为具有某种绝对意味的角色。拉康会说，这个时候母亲成为实在的，在这里指的是无法被他通过语言所掌握。

随着母亲的这个地位发生改变，她给出的东西的意义也变了。原来给他吃的糖果现在不再只是意味着糖果，而是成为来自母亲的礼物，因为它代表了母亲对他的爱。他向母亲请求吃的某个东西也不再只是这个东西本身，而成为对母亲的爱的请求。恋爱生活的经验可以帮助我们很容易理解这一点：当女方向男方请求某个东西的时候（反过来也是如此），重点不在于这个东西本身，而在于这个东西作为一种爱的证据，表明了女方在乎他的这个事实。所以拉康会说，所有的请求都是爱的请求，因此母亲是最出色的请求的大他者。我们依赖她，向她提出请求来获得满足。米勒说道：

"请求的大他者意味着一种力量……母亲是拥有某物的大他者,意味着财富、丰饶。"[1]

欲望则是不同的东西。欲望被定义为请求减去需要的剩余。当我们通过语言以请求的形式表达我们的需要时,语言是无法完全表达我们的需要的,这里留有一个剩余,这个剩余就是欲望。

我们可以通过两个例子来把握这个剩余所包含的威力。设想这样一个母亲:她会尽可能地满足孩子提出的任何请求,无论这个请求是否合乎逻辑,比如给孩子带去任何他想吃的东西,不放过任何表达对孩子的爱的机会,那么这个孩子会出现怎样的状况呢?他肯定是会做噩梦的,因为他不再有任何欲望的空间,任何欲望在诞生的那一刻,就已经被母亲的爱堵死了。同样,一个尽可能满足任何女方要求的男同胞,往往不会获得一个顺遂的结果。因为当他无条件满足女方的要求时,欲望在这个过程中被杀死了。女方会觉得她想要某一个东西,但是并不真的是这样一个东西,所以当男方真的把这个东西呈现在她面前的时候,想要这个东西的张力就失去了。这里,精神分析的经验带来的教诲不是告诉我们要拒绝我们所爱的人,而是我们要能够忍受对方不满足的张力,或者说对方欲望的存在。

如果说女性是欲望的大他者的话,欲望的这种结构就意味着女性有一些无法抵达的地方——至少对男性来说是这样的,可能对

---

[1] Miller J A. MÈREFEMME [J]. La Cause du Désir, 2015(1): 115—122.

女性来说也是如此——她的欲望对自身同样构成一个谜题。欲望作为发出的请求的剩余，本身就意味着它在结构上是无法完全被满足的。我们在得到追寻的对象之后，总是或多或少有一种并非如此的感觉，因此它总是会转向另一个对象，继续这样一种追求的过程。

这样，一种无法抵达的女性也可以从另一个角度去理解。男性在女性身上追逐的并非这个女性本身，而是某个部分对象——她的一头长发、她的乳房、她的某种笑容或者甚至是弗洛伊德的个案中的她的鼻子上的亮光（glanz auf der nase）[1]。在这些引起人们幻想的部分对象的背后——也就是拉康称为对象a（objet a）的背后，是人们在无意识层面一无所知的女性，我们不知道她是什么，我们只能经由这些对象建构起我们的幻想，却经常惊讶于她们的不同寻常和出人意表。我们渴望她们的垂青，却又对她们真正的欲望和幻想感到迷惑和恐惧。

同样，我们可以想见，这样一种欲望的张力的维持并不总是令人愉悦的，这与对她们的未知一道，可以解释人类历史上对女性的压迫、剥削，对其三从四德的要求，对其规训的历史。换言之，人们总是以某种理性的名义，想将其束缚在某个框架之中。人们往往对母亲有着极高的赞美，因为她可以给予我们所请求的营养，

---

[1] 参见弗洛伊德的个案，出自他1927年的文章《恋物癖》。
Freud S. Fétichisme [M]//Œuvres complètes: Volume XVIII (1926—1930), Paris: Presses Universitaires de France, 1994.

那是包裹着爱的礼物,但人们却诋毁和指责女人,说她们任性,批评她们淫荡,因为她是欲望却终究无法得到的对象。但是如果说女人涉及的是欲望层面的问题,在男人眼里她作为被欲望的对象,反过来,她关注自己具有的被欲望的价值。那么在和男人的关系之外,她自身究竟具有什么样的特征呢?

<u>欲望</u>

当孩子向母亲请求吃某个东西时,他请求的不只是这个东西本身,还有对母亲的爱的请求。所以拉康会说,所有的请求都是爱的请求。

欲望则是不同的东西。欲望被定义为请求减去需要的剩余。当我们通过语言以请求的形式表达我们的需要时,语言是无法完全表达我们的需要的,这里留有一个剩余,这个剩余就是欲望。

一个尽可能满足任何对方要求的恋人,往往不会获得一个顺遂的结果。因为当他无条件满足对方的要求时,对方的欲望在这个过程中被杀死了。

因此,我们要能够忍受对方不满足的张力,或者说对方欲望的存在。

"不可阻挡"的女人

在这里,我们可以回到本章开篇提出的"真正的女人"的问题。现在我们可以理解,女人和母亲处在不同的位置上,她可以是母亲,但是她不等于母亲,而是与欲望有关的存在。如果说她在拉康眼里的特征是"痛快"的话,我们是出于以下两点理由:

1. 女性的意志通常更加具有决定性,是不容辩驳、不给犹豫留下空间的。所以相比犹豫和计算的男性来说,女性是痛快的,因此也经常是让男人心痛的。

2. "痛快"这个词可以作为享乐(jouissance)的一种翻译,而女人具有感受到"额外的享乐"的能力,这里,女人是更加接近拉康所说的实在的。

弗洛伊德很早就注意到小男孩和小女孩在对待俄狄浦斯问题上的差异。同样面对发现女孩没有阴茎的这个事实,"一边是犹豫躲闪,处在'恐惧的情感风暴下'的男孩,另一边则是与这个事件保持同步的女孩,因为下了决定而显得理性和实用。'我看到了，我知道了，我就要它'。带着一种凯撒式的决心和征服的精神，她进入到了阳具的问题，跨越了卢比孔河（Rubicon）"。[1]

男孩和女孩的这种差异并非一个无关紧要的问题，因为精神分析的临床经验告诉我们，无意识中只有一个性器官的代表，也就是阳具的代表，正如同弗洛伊德关于心理能量的假设只有一种——力比多——一样，两性在根本上处于一种不对称的状态，无意识中并不存在一个女性性器官的代表。在这一点上，拉康说道："我们知道弗洛伊德以阳具期（phase phallique）这个词指称最初的生殖成熟，因为一方面，这一时期的特征是阳具的属性在想象中的主宰以及手淫的快乐；另一方面，弗洛伊德将这种享乐在女人那边定位到阴蒂上，并且似乎直到两性的这一阶段的结束——也就是直到俄狄浦斯期的衰落，都排除了任何将阴道作为生殖插入的本能层面的定位。"[2]

弗洛伊德发现，在小男孩和小女孩那里都只有一种性器官得到承认。在男孩那里，发现没有阴茎给他带来了恐惧，也就是所谓阉割威胁，他担心自己也会失去阴茎，为此放弃了作为原初欲望对象的母亲，走上了认同父亲的道路。而在女孩那里，她会认为自己的阴茎是被剥夺（privation）了的，或者说她已经遭受了阉割，由此她怨恨母亲，开始转向有阴茎的父亲，以最终获得一个

---

[1] Assoun P. Leçons psychanalytiques sur Masculin et Féminin [M]. Paris: Éditeur Economica, 2013: 38.

[2] Lacan J. La signification du phallus [M]//Écrits. Paris: Seuil, 1966: 686—687.

代替父亲的男人的孩子，作为对这个阴茎索取的终结。

稍微了解精神分析的读者会知道，弗洛伊德的这一俄狄浦斯情结理论是相当有争议的内容，在历史上，它被女性主义者大加斥责，因为它看起来将女性放在了一个弱势地位上，比如人们质疑，为什么小女孩会认为自己是经受了阉割的，而要因此去嫉妒和欲望一个她没有的东西？一些分析家群体则尝试将力比多的概念中性化，认为在无意识中不只有阳具的代表，同时也有阴道的代表。对这些问题，我们可以以这样一种方式做出回答：弗洛伊德的理论来自临床经验的提炼，但是在当时，他缺少适当的理论工具把这些内容提升到一个脱离解剖学的层面。这个工具就是拉康后来借自弗迪南·德·索绪尔等人的语言学，像上一章所论述的那样。

借由拉康的贡献，我们得以在一个更高的层面看待弗洛伊德的这一理论。拉康说道："阳具在弗洛伊德教义中不是一个幻想，如果这里的幻想指称想象的效果的话，它也不是一个对象（部分对象、内在对象、好客体或者坏客体），因为'对象'这个词总是涉及关系中的现实。阳具更加不是它所象征的器官，无论是阴茎还是阴蒂。弗洛伊德用古人对它类似物的崇拜作为它的参照，不是没有原因的。"[1]最后这句话指的是古人的阳具崇拜，我们可以联想到那些岛上竖立的石柱，也可以联想到马路上看到的豪华汽车，广场上竖立的国旗，山上高耸的石碑，宣告阳具意义的东

---

[1] Lacan J. La signification du phallus [M]//Écrits. Paris: Seuil, 1966: 690.

西可以说无所不在。限于篇幅，我们在这里不过多解析有关阳具这一概念的种种争议和背后相当复杂的内涵及理论演变，我们只是提醒读者要从语言的角度把握阳具的意义。一旦人们开口说话，阳具的意义就包含在其中，比如试图说服对方，试图被对方承认，请求对方的爱，甚至单纯告知某人某事也并不是简单的信息传递，因此才有所谓信息沟通在企业管理中的重要性。我们可以说，日常生活的话语里充满了阳具的意义，阳具作为所有所指的能指、代表大他者欲望的能指，语言本身就是围绕着阳具构建的。或者说像拉康玩的那个文字游戏（la signification du phallus）[1]，阳具的意义意味着意义本身就是阳具式的。

当拉康将弗洛伊德的阴茎提升到作为能指的阳具之后，弗洛伊德理论中流露出的隐约的对女性的负面印象，自然也就随之消除了。因为在作为能指的意义上，有阳具或者没有阳具不再意味着一个想象中可能的"优劣"的问题，所谓"有"就被认为是好的，"没有"就被认为是差的。不止如此，拉康还进一步提出了阳具的辩证法：在男人那边是"他不是没有阳具"（il n'est pas sans avoir），女性那边则是"她是没有阳具"（elle est sans avoir）。这是一个有关"是"（be/etre）和"有"（have/avoir）的辩证法。也就是说，男人不是阳具，但是他可能有阳具；在女性那边，她没有阳具，但是她可以作为阳具。我们可以说，这个"是"和"有"

---

[1] Lacan J. La signification du phallus [M]//Écrits. Paris: Seuil, 1966: 690.

的差别决定了男孩和女孩在发现性别差异时的态度,也决定了女人往往是更痛快的。

跳出精神分析理论,我们可以从生活经验中寻找这两者之间的差别:这个"有"意味着男性那边的积累,他想要积攒更多的东西——更多的玩具,更多的钱,更大的房子,等等,他总是希望有更多的东西放在那里,任何可能的失去都让他感到不安。

但是女人这边的逻辑是不同的。她当然也可能会想拥有更多的东西,但不同的是,她更在意"是"的层面的内容。为此,她可以舍弃所有"有"的层面的内容。为了追随爱人的脚步,女人可以抛弃一些荣华富贵和声誉名望,像维克多·雨果的女儿阿黛尔·雨果;为了民族大义,柳如是可以在钱谦益担心水太凉的时候纵身跳入河里,反衬对方的懦弱;这种"舍弃"也可以单纯是为了某个具体的东西——某件首饰、某件衣服,"我就是想要这个",不容辩驳也不需要考虑后果,因为所有对"后果"的考虑都是在"有"的层面的运作,也就是对"失去"的计较。在凯撒式的"我来了,我看到,我征服"中,拉康看到了这种可以说是"不可阻挡"的女性特质——扔掉拥有的一切而让自己的存在脱颖而出。当男人们为失去某物而遗憾惋惜时,女人的存在的光芒反而显得更加耀眼和璀璨。

其中最著名的例子就是美狄亚,米勒认为,她是拉康眼里"真正的女人"的典范。"说到底的话:一个真正的女人,总是美狄亚式的。"[1]美狄亚是希腊神话中科尔基斯国王埃厄忒斯的女儿，伊阿宋的妻子。她被爱神之箭射中，与率领阿耳戈船英雄寻找金羊毛的伊阿宋一见钟情，于是她选择背叛自己的国家，帮助伊阿宋盗取位于科尔基斯国的金羊毛，跟他一起奔赴希腊。逃亡的过程中，科尔基斯的舰队追踪而至。为了阻止追兵，美狄亚残忍地杀害了自己的弟弟阿布绪尔托斯，并将其碎尸扔入大海。随后，她帮助伊阿宋夺回伊俄尔科斯的王位。不料，希腊人对他们的弑君行为非常不满，他们被迫流亡科林斯，在那里，美狄亚为伊阿宋生下了两个孩子。

美狄亚是西方文学艺术中的经典形象，既有描写她与伊阿宋的故事的欧里庇得斯的悲剧，也有德拉克罗瓦的画和帕索里尼改编的电影。拉康在她身上认出作为"真正的女人"的地方，是她杀死自己和伊阿宋的孩子的行为。在科林斯，伊阿宋与当地的公主格劳斯订了婚，以便加强他与当地的政治纽带，这一行为彻底激怒了美狄亚。在伊阿宋以生活的安逸为名义的辩驳面前——"我不是为了憎恨你的床，为了新欢焚毁我们的爱情，我知道这一点使你难受，我也不是为了跟其他人比孩子的数量，我对他们感到满意，并不抱怨，不，这些都不是我的目的，我是为了我们能够过得舒适，生活有所保障……"[2]美狄亚假意同意，但是一旦她看

---

[1] Miller J A. MÉDÉE À MI-DIRE [J]. La Cause du Désir, 2015（1）: 113—114.

[2] Euripide. Médée [M]. Paris: Payot & Rivage, 1997: 93.

到了公主，致命的时刻就来到了。她让情敌格劳斯穿上一件有毒的嫁衣——任何穿上这件衣服的人都会无比痛苦地倒地死亡。"她看到从她的嘴里吐出白沫，瞳孔收缩，她的血流干了。"[①]然而她并不满意于此："我要杀掉我的儿子，离开这个国家。"[②]

我们在美狄亚身上可以看到，一种绝对的意志在发挥作用，没有任何康德（Immanuel Kant）[③]意义上的"病理性"的对象可以阻止她的怒火——比如她可能对丈夫感到的同情，毕竟伊阿宋的说法是为了家庭得到庇护，比如她对自己孩子的爱，或者是任何其他理性的考量。谋杀之后，伊阿宋问她："你真的觉得杀他们做得对吗？"她回答说："你真的以为这种背叛对女人无关紧要吗？"她不是为了"做得对"去杀死她的孩子，而是为了向她遭受的背叛施加报复。"通过牺牲她的孩子，她向我们表明，对于一个真正的女人来说，对于一个完全的女人来说，直到时间尽头，没有任何利益、任何物质的满足或者母性的满足，可以平息床笫的背叛。"[④]

一个当代可以与之相提并论的例子是玛德莱娜·纪德（Madeleine Gide），也就是著名作家安德烈·纪德（André Gide）[⑤]的妻子。1917年，在她证实安德烈·纪德爱上了马克·阿

---

① Euripide. Médée [M]. Paris: Payot & Rivage, 1997: 141—142.
② Euripide. Médée [M]. Paris: Payot & Rivage, 1997: 145—146.
③ 伊曼努尔·康德（1724—1804），启蒙时代德国著名哲学家。
④ Zafiropoulus M. La question féminine, de Freud à Lacan [M]. Paris: Presses Universitaires de France, 2010: 173.
⑤ 安德烈·纪德（1869—1951），法国作家，1947年诺贝尔文学奖得主。

莱格雷（Marc Allégret）并且跟他一起在英格兰旅行之后，她烧毁了所有她丈夫的信件，而这些信件一直是他们最珍视之物。失去它们之后，安德烈·纪德仿佛感觉她杀死了他们的孩子，在他心里留下了一个永远无法治愈的洞。对此，拉康只能借美狄亚的典故说道："可怜的伊阿宋，踏上追求幸福的金羊毛的道路，他没有认出美狄亚的真面目。"[①]与伊阿宋一样，纪德同样为这种错认付出了代价："直到何种程度，玛德莱娜成为纪德让她成为的，我们不知道。但是唯一的行为，她向我们展现了她与之不同的是一个女人的行为，一个真正的女人的行为，一个完完全全的女人的行为。这个行为也就是烧毁这些信件——它是她所有的'最珍贵'的东西。"[②]

真正的女人可以不在乎自己拥有的东西，或者说，任何拥有的东西都是可以失去的，这种失去却不会让她"一无所有"，相反更"成其所是"。在这一点上，米勒对男性发出警告："有的时候母性会熄灭一个女人身上的女性特质，我们经常会遇到这种情况。但是母亲始终也是一个女人，男人忘记这一点的话，会招致危险。如果他不能做到让孩子的母亲感到自己是一个女人的话，他可能会担心她在其他男人身上找到她所需要的和阳具的关系……我在罗马时说过：有多少伪装成贤妻良母的美狄亚，正在嫉妒地监视着被束缚的伊阿宋？"[③]

---

① Lacan J. Jeunesse de Gide [M]//Écrits. Paris: Seuil, 1966: 761.
② Lacan J. Jeunesse de Gide [M]//Écrits. Paris: Seuil, 1966: 761.
③ Miller J A. MÈREFEMME [J]. La Cause du Désir, 2015（1）: 115—122.

"我来了,我看到,我征服"

男性因为天生具有阳具,他因此想要在"有"的基础上积累更多带阳具意义的东西——更多的玩具,更多的钱,更大的房子……他总是希望有更多的东西放在那里,任何可能的失去都让他感到不安。

女性则不同,因为她不具有阳具,她更在意"是"的层面的内容。为此,她可以舍弃所有"有"的层面的内容。为了追随爱人的脚步,女人可以抛弃一切荣华富贵和声誉名望,像维克多·雨果的女儿阿黛尔·雨果;为了民族大义,柳如是可以在钱谦益担心水太凉的时候纵身跳入河里,反衬对方的懦弱。

这种"舍弃"也可以单纯是为了某个具体的东西——某件首饰、某件衣服,"我就是想要这个",不容辩驳也不需要考虑后果,因为所有对"后果"的考虑都是在"有"的层面的运作,也就是对"失去"的计较。因此在拉康眼里,女性是更"痛快的"存在。

实在的女人

然而我们要注意的是，如果一个真正的女人可以痛快地舍弃掉任何拥有的东西，并且因为这种舍弃反而更加受人尊敬的话，这绝不意味着物质生活的享受对女人来说是无足轻重的，或者说被爱成了她们唯一的理想。

这里的逻辑是拉康提出的："并不是因为女性并非全部在阳具功能中，她就完全不在其中。她不是不在其中——她完完全全地在那里，只是有一些额外的东西。"[1]所以不是因为女性可以不在乎任何拥有的东西，她就完全不在乎它们——所谓具有"阳具价值"的产品，比如房子、珠宝、衣服等。我们可以说，她相当在乎它们，虽然紧要关头这些都可以被舍弃。在这里，我们看到女性的另一面，也就是拉康所谓女性"资产阶级"（bourgeoise）的一面。"资产阶级"这个词不意味着女性掉入了消费主义的陷阱，对消费品盲目攀比，更不是它的原意中所谓掌握资本或者生产资料，而是意味着对生活品质的追求——女性会在意自己的居住环境和生活方式。

---

[1] Lacan J. Le Séminaire Livre XX: Encore [M]. Paris: Seuil, 1975: 69.

这一点可以说和我们的生活经验相当吻合：女性往往比男性更加在意所处的生活环境带来的享受，阳台上的花园、清晨的咖啡、明亮的居所、工作时流淌的舒缓的古典音乐，以及各种绿植和鲜花为家庭带来的装点。当然，这些也可以是色彩漂亮的衣服和它柔顺的触感，精致的妆容才能赋予的愉悦心情，或者是项链和耳环在举手投足间不经意地闪光所释放的魅力。与之相比，男人很容易被认为不懂得生活，只知道工作的成就和游戏带来的刺激，却忽视了背后支撑着这些活动的无数细节，而正是这些细节，才能组成一种生活的整体氛围。有的男人喝酒只为了获取酒精这种物质，而烘焙的香气或精美的拉花可能才是一个女人品味咖啡的必要条件。正是在这个意义上，我们看到了一个女性"资产阶级"的形象。

米勒针对这一点说道："女人的资产阶级的形象是美狄亚的形象的补充。美狄亚把草割了，接着资产阶级的女人把它刮干净。"[1]所以，一边是使男人失去最珍贵之物——同时也是自己最珍贵之物——的美狄亚，另一边是积累可以提升家庭生活品质的日用品的"资产阶级"，而这两者作为一个辩证法，是可以完美地共存在同一个女人身上的。她毁掉美好之物，并不妨碍她接下来重新在意使生活更加美好的要素；反过来，她对生活环境的关切，也不妨碍她在为爱人献身或者遭到背叛的时候，舍弃一切身外之物。

---

[1] Miller J A. LES US DU LAPS-Cours n°8 26/01/2000-108. Inédit.

这时候的她往往远比男性更加不计后果和勇往直前。我们可以说，这两个特征是女性特质的两个面向。在这里，我们可以联想到玛格丽特·杜拉斯的态度，虽然她可能和经验中通常见到的典型女性形象有一些距离，毕竟她太特别了。"1979年的一天，在极度消沉、濒于自绝中，她与一位打电话来的朋友又谈到了'世界的末日'，并使用了'沉没'这个词。朋友问她：'您真的认为末日会降临吗？请设想一下，一个世纪后再没有人读您的作品了。'她马上回答：'我？我的作品会有人读的。在盖洛普民意调查中，我属于人们最后还要读的那一打作家中的一个。'"[①]考虑到1979年杜拉斯的身体状况，我们可以真诚地相信，她在这里认为世界末日马上就要来到了，一切都会被毁灭，但是这并不妨碍她认为她的作品还会流传下去。从逻辑上说，她的作品当然属于这个世界的一部分，如果世界毁灭，她的作品自然不能幸免。但是正是这个逻辑上的矛盾可以让我们更接近女性特质的本质，我们可以说，女人是更加接近实在的，或者用米勒给拉康的《讨论班》的一课赋予的标题来说，"女人，更加真实，更加实在"[②]。那么，到底什么是实在呢？

对拉康多少有所耳闻的读者，可能都听说过他的三界的理论，它们分别是想象界、符号界和实在界，并且对实在界的关注可以

[①] 参见"有关劳儿的一些背景资料"。
杜拉斯. 劳儿之劫 [M]. 王东亮, 译. 上海：上海译文出版社. 2014.
[②] Lacan J. Le Séminaire Livre Ⅹ: L'angoisse [M]. Paris: Seuil, 2004: 213.

被视为他后期教学关注的核心之一。本书有限的篇幅自然无法阐释有关实在的理论是如何一步步演进的，我们满足于勾勒一些"实在"这一概念得以出现的理论框架，及其和经验维度的关联。

我们首先可以强调，"实在"是拉康的教学中最迷人也最富有争议的概念之一。在他教学的早年，他就曾在讨论班上说起过，人们可能以为他终于要开始谈论"实在"的概念了。这是因为大家对这一概念关注已久，比如蓬塔利斯（Jean-Bertrand Pontalis）在1955年的讨论班上就问过关于实在的问题[①]，但大家却一直等不到拉康对此明确的理论阐释，像他对想象界和符号界所阐释的那样。20世纪70年代初期也就是他教学的晚期，当时还是年轻学生的埃里克·洛朗（Eric Laurent）和纪-勒-高菲（Guy Le Gaufey）为了理解这一概念，还专门召集他们的各种小伙伴找出了拉康当时所有讨论班的录音稿，在其中专门寻找与实在有关的说法。结果他们倒是出人意料地发现，当时拉康学派的教学对这一概念的理解完全是错的，也就是和拉康本人的说法是相悖的。

如果说人们对拉康的理解有一个过程，通常相比拉康的教学是远远滞后的话（这也是拉康自己的观点），那么到了21世纪，虽然分析家对于实在的理解已经大为改观，大家可以获得很多的共识，但是争议依然没有达到风平浪静的地步。2018年，当代著名精神分析组织分析空间（Espace analytique）以"精神分析实践

---

① Lacan J. Le Séminaire Livre Ⅱ: Le moi dans la théorie de Freud et dans la technique de la psychanalyse [M]. Paris: Seuil, 1978.

中拉康传递的标记"为名举办了一场研讨会，已经身为著名精神分析家的纪·勒-高菲谈到，"实在"这个概念依然让他困惑，尤其是当此概念联系到拉康晚期讨论的"质地的对等"（l'équivalence des consistances）的时候。因为它不像想象界或者符号界可以被严格地定义，如果人们就治疗中出现的实在向分析家群体提问的话，他不相信人们会真的达成共识。

对这一概念进行定义之所以困难，与它的定义本身有关。一方面，它逃脱想象界的抓捕，不存在于我们感受到的世界的协调中；另一方面，它又位于符号界能指链条不可争辩的决定性之外。换句话说，它本身就意味着无法被想象或者被言说之物，那么我们又如何在治疗中把握它或者对它施加影响呢？在题为"R.S.I."的《讨论班》中[1]，拉康说到，当我们命名某物为实在的时候，这是一个隐喻。隐喻意味着它具有一个意义，但问题是，实在从定义上就是在意义之外的。可以说，这一领域产生了很多假设，试图反思和对待这种不可言说之物，在这个意义上，它带动了分析家群体的争议与不和。

但是这些困难和争议并不影响我们在这里尝试把握"实在"这个概念诞生之初，它所试图锚定的东西。我们知道，它在拉康最初的教学中就是在场的，只是它需要拉康花费几十年时间，才从理论层面定位到波罗米结的一个环上——所谓实在界和其他两

---

[1] Lacan J. Le Séminaire Livre XVII: R. S. I., inédit.

界在质地上对等的假设。

拉康在早期对实在的定义并不复杂。他说:"人类总是为实在赋予如下意义:这是我们在同一个地方重新找到的东西,无论我们是否在那儿。它可能会移动。并且原则上我们自己的移动对这个位置的改变没有实际的影响。"毫无疑问,为实在赋予这样一种意义和精密(exact)科学的诞生是紧密相连的,因为既然我们总是可以观察到同样的东西,那么就可以找到其中的规律,以便运用自然的规律来服务于人们。

如果说这样一种定义被认为是自古以来的观念,并且与科学的诞生相关的话,那么下面一则例子可以让我们感受到更多拉康视角的独特之处:"实在的特性就是它的位置总在它的鞋的鞋底。你们可以尽可能地弄乱实在,这不影响我们的身体依旧在它们的位置,即使在原子弹爆炸之后,也在它们碎块的位置。实在中一些东西的缺席是纯粹符号性的。只有我们通过法律定义它该在那儿,一个客体才可以不在它的位置上。最好的例子就是这个——想象向图书馆借书的时候发生了什么。人们跟你说,它不在位置上,它可能就在旁边,但是这不影响原则上它不在它的位置上,它在原则上是不可见的。这就是说,图书管理员完全生活在一个符号的世界里。"[①]

我们在这个例子中可以看到两个内容:一方面是实在始终在

---

① Lacan J. Le Séminaire Livre Ⅳ: La relation d'objet [M]. Paris: Seuil, 1994: 38.

它的位置上，它是一成不变的；但是另一方面，有些东西可以发生改变。那就是说，如果说有一些东西是可以缺席的，那是因为法则规定它本来应该在那个地方。这个例子并非与刚才说到的精密科学的诞生没有关联，因为拉康会强调与精密科学相对应的位置组合的科学（比如从有关概率的理论到今天的控制论）的历史，我们在这里不做过多讨论。但是有一个显而易见的事实是，拉康想要讨论的是，正是因为某个东西可以在场或者缺席，我们才会关注总是处在同一个地方的实在，虽然对这个实在的关注也是物理学等精密科学诞生的条件。换句话说，对实在的关注可以说是对法则的关注的结果，正是因为拉康抽取出了符号界，把它作为和想象界不同的东西，我们才会看到实在界作为逃脱它的把握的剩余出现。当然，这是从符号界的角度看，我们说这个实在界是被它排除的东西。但是反过来，我们也可以说实在界是始终在先的东西，而基于实在所构建的符号界，通向了我们所看到的现实。关于这样一种符号界和实在界的关系，拉康在第四本《讨论班》中举了一个水利工厂的例子。在这个例子中，实在可以等于水中蕴含的能量，但拉康强调的是这个工厂本身："但是在能量和自然现实之间有一个世界。能量只有在你们测量它的时候，它才会被纳入考虑。只有在工厂运转的时候，你们才会想到测量它。因为是工厂，你们才不得不做一些计算，其中包括你们可以使用的能量。也就是说，能量概念的建构基于以下的必要性：一个生产的文明要收支平衡,要做多少工作才能获得一定的受益。"[1]

这样一种对工厂相比于能量的"优先性"的强调对应于在精神分析工作中对话语的重视。虽然在发明精神分析的时候,弗洛伊德就强调这是一种谈话疗法(talking cure),但是在他死后,自我心理学的转向可以说将治疗的重点转移到了一些更容易被关注到的地方,比如来访者的自我是否足够强大,比如他和他的爱的对象的关系是否基于将对方当作一个主体看待。这样一种转向,在拉康看来背离了弗洛伊德对无意识的发现——无论是梦的背后隐藏的欲望,抑或癔症的身体症状背后潜藏的意义。

那么,我们如何从精神分析实践的角度去设想这样一种在符号界的威力之下的实在呢?对此,我们需要先对这个威力有个直观的认识。如果我们接受拉康所说的"无意识是像语言一样构成的假设",那么我们可以把分析工作的一个部分设想为对症状的破译——就如同破译字谜一样,通过来访者的自由联想,找到症状背后那些决定了症状之形成、被压抑的无意识元素。在这里可以举一个例子,在一次医院举行的临床演示中,病人向分析家表达他的腿(jambe)很痛,但他不知道为什么。分析家让他展开联想,说出脑海中飘过的任何与"腿"这个词有关的想法。病人说,他想到父亲的名字叫作Jean。这两个法语词有非常相近的发音,可以说,这个相似是病人如此联想的原因。就如同一个说中文的病人

---

[1] Lacan J. Le Séminaire Livre Ⅳ: La relation d'objet [M]. Paris: Seuil, 1994: 44.

说自己肝疼，然后他联想到父亲姓甘一样。分析家此时恍然大悟，原来这就是他腿疼的原因。当然，分析家和病人在这里需要更多的工作来探寻他和父亲的关系如何导致了这样一个症状的发生，但作为铭刻在身上的父亲的隐喻，这并不妨碍病人的这一联想可以让分析家对以下问题做出假设：病人为什么是腿疼而不是别的地方疼？也就是说，他的腿疼是用来表达与父亲有关的问题的。

这样一项工作可能在日常的分析室内并不特别常见，或者说稍微有点脱离日常生活经验，因为这里的病人是精神病结构的主体，拉康说他们的无意识处在光天化日（à ciel ouvert）之下。而对于一个神经症——也可以等同于对广大的芸芸众生来说，有时候需要数年的精神分析工作才能够找到藏在某个症状背后的无意识信息。比如，一个男性强迫症主体在接受数年的精神分析之后，才能发觉他的某个症状的产生，原来关联于某个场景下别人对他说的一句话，这句话当时深深地震撼了他，产生了一系列后果，但是这句话本身却因为压抑而被遗忘了。换句话说，我们举的这个破译无意识信息的例子在运作机制上是普遍的，只是在精神病主体那里，它往往反映得更加明显直接。

精神分析作为一项通过话语进行的工作，来访者在分析室内说的话可以被视为一个文本，分析家通过切分、解释等工作找出被来访者的想象所遮蔽的重复的能指的游戏，它们使得来访者反复陷入同样的模式和困境当中。比如一个男性来访者总是怀疑他遇到的女性伴侣对他不忠诚。这里的重点不在于和他在一起的每个女人是否真的给他戴上了绿帽子,因为就算事实真是如此也不能消除这种怀疑本身是"病态"的。重点是某个情节早已种在他的心里,它们是一些词汇组成的链条,在他的意识所能抵达的范围之外,为他连续谱写着重复的故事。

我们可以说,拉康教学的前中期都在强调这样一种符号层面的重要性,比如上文提到的小汉斯的恐惧症中,"马"这个能指被小汉斯用来对抗父亲的无能所带来的被母亲吞噬的焦虑。那么,在这个框架下的实在就等同于不可分析之物,它在言语无法抵达的地方,像一个洞一样,借用杜拉斯在《劳儿之劫》中的比喻:"这个巨大的无边无际的空锣也许可以留住那些要离开的词,使它们相信不可能的事情,把所有其他的不是它的词振聋,一次性地为它们、将来和此刻命名。"[1]这样一个词,可以说就像病毒一样侵扰着我们的生活。实在并不意味着某种具体的病毒,而是意味着如下事实:总是会有新的病毒出现。或者它像是一个系统中运作的漏洞(bug),所有作为符号秩序的程序都无法排除的bug,而这些bug会使系统运行出现问题。有的时候只需要重启计算机就好了,但是保持系统的更新是保护系统不被病毒利用bug入侵的条件。面对来访者的话语中实在的洞,虽然它恼人地影响着话语的运作,我们无法用语言填充它,但是我们可以不断地用话语勾勒它的轮廓,缩减它的影响范围。

---

[1] 杜拉斯.劳儿之劫 [M].王东亮,译.上海:上海译文出版社,2014.

人类社会的病毒也好、计算机的bug也好，或者是自然界的灾害也好，它们的相同点在于都是秩序以外的东西，它们提醒着我们秩序被建构所依托的偶然性，而秩序从来都不是一成不变的，所有符号界的建构都依托于一定的实在。

这样一种对实在的设想，可以让我们瞥见一点它的样式，从剩余中我们看到它的显现，而它召唤着语言无法抵达的空洞——那里没有任何词的运作，那里是词被吸入的旋涡。那它在分析中可能与什么有关呢？我们说，在拉康前期的教学中，如果它更多地被设想为符号无法抵达之处的话，在后期，从实在本身出发，它更多地与身体的享乐有关。这样一种享乐存在于那里，无法被言语的意义泯灭，无法被能指的歧义调动，它不可缩减、不可化约，而我们只能学习和它相处——所谓分析最后的savoir y faire[①]。当它再次来临的时候，我们不再自动地逃避，不再始终被它追赶，而是找到办法应对。

至此，我们可以开始讨论女人和实在的关系。我们说女人是更加实在的，是因为基于拉康在不同教学阶段所采取的视角，我们可以从不同的角度论证：女人和享乐的关系是更近的。

当然，我们要明确的一点是：这里的享乐不一定是令人不适的，像我们在临床遇到的被来访者抱怨的享乐那样。拉康的享乐的概念在弗洛伊德的理论中等同于不快（déplaisir），因为它总是

---

① 可以近似翻译为"在情景中知道怎样做"。

过度的、不考虑身体节律的,因此干扰了欲望的运作,它经常化身为我们想摆脱的东西。如果精神分析以去除享乐为目标,那么这里涉及的被去除的对象并不是享乐本身,而是每个人的享乐模式(mode de jouir)中那些让人厌烦的地方,而享乐本身并没有好坏之分。

作为女人是更加实在的这个说法的出处,我们可以先从拉康题为"焦虑"的《讨论班》中看待女人和实在的关系。出乎分析家群体的意料,他在这里说道:"显而易见的是,女人什么都不缺少。"[1]要知道,这是和传统的关于女性的理论表述相悖的。在经典的精神分析理论中,小女孩的道路相比男孩更加曲折和复杂,因为她要放弃作为原初依恋对象的母亲,以转向父亲,由此在未来从丈夫那里获得一个孩子,作为缺失阳具的等价物[2]。女孩在这个理论中被认为是缺少阳具的,由此弗洛伊德提出"臭名昭著"的阴茎嫉羡说。尽管我们刚才已经提到,这种缺失在拉康为阳具赋予了能指的地位之后,不再包含任何贬义或者负面意义,但是说女人什么都不缺少,依然是令分析家们感到震惊的。米勒直接说道:"拉康在这里为女性唱了赞歌,他用最显著的方式反对女性劣势的说法,也就是说,女性不仅不是劣势(infériorité),而

---

[1] Lacan J, Le Séminaire Livre X: L'angoisse [M], Paris: Seuil, 2004: 211.

[2] 参见Freud S. Quelques conséquences psychiques de la différence des sexes au niveau anatomique [M]//Œuvres complètes: Volume XVII (1923—1925). Paris: Presses Universitaires de France, 1992: 199.

是更加优越的（supériorité）。"[1]这里的劣势和优越指的是，如果说相比男性，女性是有所缺失的话，那么我们会感到她处于劣势。在阳具被认作一个能指之后，可以说，拉康抹平了两种性别的优劣之分，以及两者在欲望关系上的优劣之分。但是在这里，他直接指出女性处于优势地位。这不禁让人询问，是什么让他觉得"女人什么都不缺"是一个显而易见的事实？

我们或许可以通过这样一种方式回答这个"显而易见"但又并不好描述的事实：如果说女人是完整的，而男人是有所缺失的，男人的缺失可以被定位在他总需要"显摆"的经验中。"在男人的统治中，总是有某种冒名顶替（imposture）的存在。"[2]这种"显摆"的经验可以说无关年龄、无关地位，也无关一个人的修养，修养在这里带来的可能只是显摆方式的差别——从高调的显摆到低调的显摆。男人总是需要证明自己是称职的、合格的、优秀的，因为他的焦虑在于"不能够"[3]。拉康在这里没有为这个"不能够"添加宾语，我们可以说，男性的焦虑在于不能够展现他拥有的阳具的价值。这种不能够既可以是对性的问题的担心——他担心性能力不能让女方满意，或者从更根本上说，他担心有朝一日不能够勃起；也可以是在某些微小的事物上，不能扮演他被设想的应该扮演的角色，比如帮助女友把瓶盖拧开。在长辈对晚辈的教育中，

---

[1] Miller J A. Introduction à la lecture du Séminaire de L'angoisse de Jacques Lacan [J]. La Cause freudienne, 2004（3）: 60—100.

[2] Lacan J, Le Séminaire Livre Ⅹ: L'angoisse [M], Paris: Seuil, 2004: 223.

[3] Lacan J, Le Séminaire Livre Ⅹ: L'angoisse [M], Paris: Seuil, 2004: 221.

有些人甚至会说,男人就没有"不能"这个概念,由此我们观察到拉康所谓的"冒名顶替",因为无论是否能够,一定要冒充能够。富有生活经验的人当然会知道拒绝这种冒充的重要性,但是这并不妨碍这样一种冒充根植在男人扮演的角色当中。通俗地说,生活告诉我们不能够打肿脸充胖子,但是男人却无法总当一个瘦子,宿命是逃不过的。

但是女性不存在这样的顾虑,她可以有"假面舞会"(masquerade)[1],但是这个假面和冒名顶替是完全不同的东西。她戴上假面,是因为她无意识中认为这是大他者所欲望的东西,比如她假装自己缺钱,可能是因为她知道,这样一种缺失对于一些男人来说具有诱惑的效果。在这一点上,也可以诞生对女性是不是受虐狂的讨论。当今甚至依然有分析家认为,女性特质和某种意义上的受虐是相关联的,但是拉康的立场非常坚定:"女性的受虐狂是一个男性的幻想。"[2]因为甘愿成为男性享乐对象的女性可以帮助男性修复阉割焦虑,使他不用担心阳具迟早会疲软的事实。反过来,如果女性表现出一些受虐的特质,那是因为她在无意识中认为这是对方所欲望的,她通过戴上这样的假面来赢得更多的爱。

通过上述例子,我们现在可以理解拉康所说的"女性在享乐的

---

[1] Riviere J. Womanliness as a masquerade [J]. International Journal of Psychoanalysis, 1929 (10): 303-313.

[2] Riviere J. Womanliness as a masquerade [J]. International Journal of Psychoanalysis, 1929 (10): 222.

领域表现得更加优越,因为她和欲望之间的扭结更加松弛"[1]。她和享乐之间不需要中介,不需要经由这种冒名顶替来让自己陷入阉割的焦虑。"对于女人来说,大他者的欲望是让她的享乐拥有一个对象的方式,如果可以说的话,是一个合适的对象的方式。"[2]女人更直接地和大他者的欲望相关联:我认同这个人的欲望,比如他喜欢写作,那我也可以喜欢写作,并且心安理得地通过写作获得快乐。但是男人则是不同的,男性也可能欲望写作,但是可能要写到某种程度,比如获取一个女孩的芳心,我才能够获得这样一种写作的享乐。在理论层面,拉康说道:"对于男人来说,对象是欲望的条件。享乐取决于这个问题。然而,欲望只能够覆盖焦虑。所以你们看到它要抵达享乐还要跨越的边缘地带。"[3]

这种和享乐的亲密关系,使得柯莱特·索莱尔将女性的位置定位在一种"享乐的意愿"(un vouloir jouir)[4]上。她说道:"女人的欲望被定义为如果不是享乐的意愿,那么至少是以享乐为目的的等价物。"[5]这样一种享乐的意愿是和男性的欲望相对的。男

---

[1] Riviere J. Womanliness as a masquerade [J]. International Journal of Psychoanalysis, 1929(10): 214.

[2] Riviere J. Womanliness as a masquerade [J]. International Journal of Psychoanalysis, 1929(10): 222.

[3] Riviere J. Womanliness as a masquerade [J]. International Journal of Psychoanalysis, 1929(10): 222.

[4] Soler S. Ce que Lacan disait des femmes [M]. Paris: Editions Nouvelles Du Champ Lacanien, 2019: 63.

[5] Soler S. Ce que Lacan disait des femmes [M]. Paris: Editions Nouvelles Du Champ Lacanien, 2019: 42.

性不断想使自己变得更加强大，做出更大的成就，而女性要在享乐这件事上胜过他，比如让他失去他珍视的东西。如果一个男人可以强大到无所不能——无论这种强大里有多少冒名顶替的成分，那么一个女性对他的请求是什么呢？请求的就是他不可能做到的事情。这里最好的例子就是在国产电视剧《天道》中，芮小丹面对"深不可测"甚至似乎已经觉悟的丁元英，她请求他做的是创造一个奇迹，而奇迹的定义，难道不就是让不可能的事情发生吗？在这里我们可以依稀看到美狄亚和玛德莱娜·纪德的影子，只是芮小丹摆脱了她们极端的形式，也因此更贴近我们日常生活的经验。她们的共同之处都在于将男性画扛，也就是让他们不再是那个无所不能的主体——将它划掉，主体的分裂因此得以显现。我们可以跟着拉康说，女人想要享乐，并且为这个享乐加一个宾语——阉割男人的过程。

当然，女性和享乐的关系更加紧密，不只是在享乐意愿的层面。随着拉康在后期教学中不断发展关于享乐的理论，我们看到他在题为"再来一次"（Encore）的《讨论班》中提到了一种女性的额外的享乐，也就是所谓大他者的享乐。在这里，他诉诸基督教神秘主义者们的经验："就像圣特蕾莎，你们只需要去罗马看贝尼尼的雕塑，就能立刻感受到她在享乐，这毫无疑问。她在享乐什么呢？显而易见，神秘主义者提供的证词恰恰在于，他们感受到这种享乐,但是他们对此一无所知。"[1]贝尼尼的雕塑"圣特蕾莎的迷喜"(L'Estasi di Santa Teresa)描绘的是特蕾莎自传中的场景:她感到心脏被天使的长矛穿过,撕心裂肺的疼痛让她不禁呻吟,但同时这种痛苦给她带来巨大的甜蜜,让她融化在对上帝的爱中。其他神秘主义者的享乐与此也有类似之处,通常是一种和上帝融合的体验,不再有彼此二元的分别,而且具有一种强烈的身体的快感。卡特琳娜·米约对狂喜的体验做了如下描述:"内与外的独立不再存在。自我和世界不再相互区隔,仿佛内在与外在是一个连续体,它们只剩下唯一的一片空间,在这片空间中自我被解体。"[2]

这里的重点是,这种享乐不是单纯器官上的享乐,而是一种身体的享乐,无意识对此一无所知,感受到这种享乐的人也往往很难对其多说些什么,并且我们要强调这样一种享乐的多元性。对此最显而易见的例子就是各个宗教的神秘主义者[3],他们所感受的内容和方式是有差别的,我们不能尝试用唯一的一种享乐概括它。因此拉康后来甚至说,"大他者的享乐不存在"[4]。这里的否定意味着我们不能用一个定冠词[5]去形容它,但是并不妨碍很多女

---

[1] Lacan J. Le Séminaire Livre XX: Encore [M]. Paris: Seuil, 1975: 70—71.
[2] Millot C. Abîmes ordinaires [M]. Paris: Gallimard, 2001: 19.
[3] 比如苏菲派通过胡旋舞抵达的高潮,显然不能和圣十字若望诗歌中的经验相提并论。
[4] Lacan J. Le Séminaire Livre XVIII: Le sinthome [M]. Paris: Seuil, 2005: 56.
[5] 例如英语中的the,或者法语中的la、le。

性可以感受到它。对于这样一种享乐,我们也可以说,它是大他者被划扛[S(A̸)]的享乐,因为在这个过程中,大他者不再意味着冰冷的符号法则,我们每个人在说话的时候受限于其中的符号秩序,变成了跟我融为一体的对象,甚至不是对象而就是我本身,直到这个过程结束,主体重新恢复他的理智,建立起内与外的边界。所以我们看到,这样一种享乐和上述的阉割男人的享乐并非没有关联,只是男人并非大他者——除非这个男人正好占据了我们爱的对象的位置,他才可以临时充当这个角色。而通过提出女性的这种额外的大他者的享乐的理论,拉康进一步深入发展了女性和实在之间的关系。

至此,我们认为回答了本章开篇提出的问题:为什么我们可以用"痛快"这个词来形容拉康眼里真正的女人?现在我们聚焦到一则具体的文本上,因为它被认为"不需要参加我(拉康)的教学也知道我所教授的东西"[1]。虽然拉康这么说有自吹自擂的嫌疑——毕竟这把他摆在了知道者的位置,但是这不妨碍这个文学作品本身可以帮助我们展开一些其他关于女性议题的讨论:她的创伤、她的爱、她和男人的关系。这个作品就是杜拉斯的《劳儿之劫》。

---

[1] Lacan J. Hommage fait à Marguerite Duras, du ravissement de Lol V. Stein [M]//Autres écrits. Paris: Seuil, 2001.

男性的"冒名顶替"与女性的"假面舞会"

如果说女人是完整的,而男人是有所缺失的,男人的缺失可以表现为他总需要"显摆"。"在男人的统治中,总是有某种冒名顶替的存在。"

男人总是需要证明自己是称职的、合格的、优秀的,因为他的焦虑在于不能够展现他拥有的阳具的价值。这种不能够既可以是对性的问题的担心,也可以是在某些微小的事物上,不能扮演他被设想的应该扮演的角色,比如帮助女友把瓶盖拧开。由此我们观察到拉康所谓的"冒名顶替",因为无论是否能够,一定要冒充能够。

但是女性不存在这样的顾虑,她可以有"假面舞会"。比如她假装自己缺钱,可能是因为她知道,这样一种缺失对于一些男人来说具有诱惑的效果。在拉康眼里,"女性在享乐的领域表现得更加优越,因为她和欲望之间的扭结更加松弛"。

在女性那里，如果她喜欢写作，她可以心安理得地通过写作获得快乐。男性也可能欲望写作，但是可能要写到某种程度，比如获取一个女孩的芳心，他才能够获得这样一种写作的享乐。

没有身体的女人

《劳儿之劫》是一部非常特别的文学作品。它的故事情节简单,甚至用几句话就可以概括:劳儿在T滨城的舞会上看到她的未婚夫麦克·理查逊被突然出现的"致命女人"(femme fatale)安娜·玛丽·斯特雷特吸引,两人相爱并抛弃了劳儿,她的丈夫被"劫夺";之后劳儿和一个叫若安·倍德福的男人结婚,养育了3个孩子,过上了平静的生活;10年后劳儿回到故乡沙塔拉,遇到了雅克·霍德,跟踪他之后发现他是自己童年以来的闺蜜塔佳娜的情人。她躺在黑麦田中悄悄观察他们。后来雅克·霍德被她吸引,爱上了她,陪她一起返回了T滨城的舞厅。故事主要围绕两个场景展开,一个是最初的舞会上发生的"劫夺"场景,劳儿的未婚夫被另一个女人抢走;另一个场景也只有三个主要人物,劳儿、雅克·霍德和塔佳娜,围绕着劳儿的欲望发生了一系列事件。小说以劳儿最后回到黑麦田作为结尾。[1]

然而,与这个看起来简单的故事成为对照的,首先是阅读过程中的一些"困难",或者说阅读它是一个非常愉悦同时又令人困惑的过程,困难之处就在于跟随人物的心理活动。米勒对此有一个非常好的概括:"这是一些在不可言说的边缘行走的游记的片段。"[2] 无论一个人是否喜欢这部作品,他都很难否认这部作品的伟大之处,从作品的最开始,读者就已经能感觉到它的不同寻常,杜拉斯用她独特的带有韵律感的短句,试图在不可言说之处进行勾勒点缀,由此把我们带向一个空荡、细腻、温柔、难以把握却又异乎寻常的真实世界。在这个意义上,艺术家走在了精神分析家前面,拉康只能对杜拉斯致以敬意。

在杜拉斯的笔下,我们也能遇到我们上文讨论过的东西。比如有一段劳儿和雅克·霍德之间的对话:"'我要',她(劳儿)说。她不言语了,看着我的嘴。然后就这样,我们目四相对。专制,不可抗拒,她要。"[3] 她不知道她要什么,女性的欲望如同一个谜,

---

[1] 两个场景表面看似是一种"重复",第二个场景以不同的三个人重复了最初劫夺的经验,但是仔细看其实不然,因为"在第一个场景中被中断的东西在第二个场景中得以完成"。这两个场景不能相提并论,雅克·霍德不是麦克·理查逊,第二幕的塔佳娜也并不和第一幕的劳儿处在同一个位置。参见米勒对此的讨论。

Miller J A. LES US DU LAPS Vingtième séance du Cours du mercredi 31 mai 2000 [M]//Duras avec Lacan. Paris: Editions Michèle, 2020: 51.

[2] Miller J A. LES US DU LAPS Vingt-deuxième séance du Cours du mercredi 14 juin 2000 [M]//Duras avec Lacan. Paris: Editions Michèle, 2020: 67.

[3] 杜拉斯. 劳儿之劫 [M]. 王东亮, 译. 上海: 上海译文出版社, 2014.

但是这并不那么重要,因为她的意志是无条件的,不容置疑,如同美狄亚的绝对意志一样。她要,这就是全部,不需要原因,或者说她就是原因。

但劳儿又是一个不同的女人,或者说和生活中常见的女人不同。因为小说是关于一个疯女人的故事,她是精神病结构的主体,在这里具体表现为她是一个没有身体的女人。因此,第一个场景中的创伤并不在于她挚爱的未婚夫被另一个女人劫夺,而在于她们独自走了却没有带上她,她因此无法见证另一个女人被男人剥下衣服时的身体。"他会缓慢地脱下她的黑色连衣裙,而这段时间内会穿越很长一段旅程。我看到被脱了衣服的劳儿,还是无法安慰的,无法安慰的。劳儿要是不在这一动作发生的地方是不可思议的。这一动作没有她不会发生:她与它肉贴着肉,身贴着身,眼睛封固在它的尸首上。她生下来就是为了看它。其他人生下来是为了死。若没有她来看,这个动作会饥渴到死,会化为碎屑,会跌落在地,劳儿成为灰烬。"[①]这里,被翻译为"不在这一动作发生的地方是不可思议的"的句子在法语原文中更加清晰,"她无法想象不在这一动作发生的地方。"我们无法知道她的身体是何时失去的,塔佳娜说她青春期的时候就是这样,我们只知道这是一个事实。自此她一直等待着一个身体隐喻的出现。在她遇到雅克·霍德的目光时,她构建了一个幻想,她相信自己可以得到另一个女人的身

---

① 杜拉斯.劳儿之劫 [M].王东亮,译.上海:上海译文出版社,2014.

体——在男人剥开她的裙子的时候，因此她在黑麦田中盯着赤裸的塔佳娜，并安排雅克·霍德跟塔佳娜约会，再告知她约会的时间。所以米勒对这部小说评论道："这不是一个被抛弃的女人的故事，这是一个等待着捕捉男人欲望对象展现的那个奇妙时刻的女人的故事。"[①]

这里我们可以回想起第一章中讲述的关于镜子阶段的内容。劳儿自恋的认同是没有完成的，她需要借助另一个人来找到她的身体，甚至是找到她的存在。她需要塔佳娜的身体充当她身体的镜子，她被大他者对另一个女人的身体的欲望所吸引。而生活中我们可以看到大量相反的例子：有些女性可能也会着迷于大他者的目光注视在身体上的时刻，因此她们会拍自己各种姿态的照片，向大他者尽情展示自己的美丽和风情万种，然后再对那些对她们表现出兴趣的男人表示轻蔑和不屑一顾。重点是，在这里她们不需要抓住另一个女人捕获大他者的欲望的时刻，她们自己就够了。

我们可以找到和劳儿类似的一个例子是伟大的爱尔兰作家乔伊斯，拉康在乔伊斯被打的经验中定位了小说主人公斯蒂芬和身体的关系："他们（殴打他的人）的怯懦和残忍，他一点也不曾忘怀，可是回忆这些却没有激起他的怒火。所有他曾在书中遭遇过的关于汹涌爱情和刻骨仇恨的描写，好像于他都因此变得不真实了。甚至就在那天晚上，当他跌跌撞撞沿着琼斯路往家走的时

---

① Miller J A. Commentaire de l'intervention d'Eric Laurent [M]//Duras avec Lacan Paris: Editions Michèle, 2020: 42.

候，他就已经感觉到，某种力量让他那突然聚结的怒气轻易离他而去，就如熟软的果子轻易被揭脱了果皮一样。"[1]与劳儿一样，乔伊斯也没有和身体的链接，殴打他的人激发不起他的任何憎恨，仿佛这个身体不属于他，他的身体掉落了，就像被揭脱了的果皮。不过他的特别之处在于他的写作，他通过写作恢复了意义的维度，因而保持住了和身体的关系。这使他终生没有处于精神病发作的状态。

劳儿一个引人注目的地方是她的位置，我们可以说，她是女性的存在位置（position féminine de l'être）的化身：位于"中心和缺席之间"（entre centre et absence）[2]。在几个月的时间里，她是未婚夫麦克·理查逊生活的中心，接着就是T滨城舞会的场景，众目睽睽之下她看到爱人被劫夺，就在这一时刻，她成为人们"目光的中心"[3]，"劳儿一直待在事件发生、安娜-玛丽·斯特雷特进门时她所处的地方，在酒吧的绿色植物后面"。[4]与这一场景的凝固相伴随的，是她在随后的婚姻中的缺席。她"并非情愿地"[5]嫁给了若安·倍德福这个钟情照顾受伤的女人的男人，为他生了三个孩子，但是她的精神并不投注在这段婚姻中。她专注于家中的

---

[1] 乔伊斯. 一个青年艺术家的肖像 [M]. 徐晓雯, 译. 南京: 译林出版社, 2014.
[2] Lacan J. Le Séminaire Livre XIX: …Ou pire [M]. Paris: Seuil, 2011: 121.
[3] Lacan J. Hommage fait à Marguerite Duras, du ravissement de Lol V. Stein [M]//Autres écrits. Paris: Seuil, 2001: 193.
[4] 杜拉斯. 劳儿之劫 [M]. 王东亮, 译. 上海: 上海译文出版社, 2014.
[5] 杜拉斯. 劳儿之劫 [M]. 王东亮, 译. 上海: 上海译文出版社, 2014.

秩序，"几乎在空间与时间上都一样秩序井然。终点被严格遵守。所有东西的位置都一样……这种不变的秩序会使若安·倍德福感到震惊"。我们能说她像一个快乐的家庭主妇一样享受这种秩序吗？无疑，她在这样一种秩序中找到了自己的位置，度过了一段平静单调的生活。但是显然，这种对秩序的关注不能称为一种热情——令女人"资产阶级"的一面得以释放的、在家中的热情。缺少了符号界的根基，想象界独木难支，没有灌注在精神世界的意义和内在的对独特生活的渴望，"劳儿在模仿，但模仿谁呢？其他人，所有的其他人，最大可能的多数的其他人"[①]。这是一种和大他者的想象的关系，我遵照着他人的面目生活，因为我不是我，而是空的存在。因此这种秩序更加不留情面，冰冷僵硬，"午后劳儿不在时的客厅，难道不是上演着其意义已飘飞的绝对激情的独角剧的空档舞台吗？若安·倍德福……该去窥伺冬日之冰的第一声破裂吗？"[②]因为享乐和意义之间扭结的脱落——这种扭结本是语言的阳具的意义为我们带来的，我们感受不到她身体的温度，她的身体从不在那里。在舞会的那一刻，她的身体曾被遗忘在安娜-玛丽·斯特雷特的裙子上，之后在黑麦田的夜晚，她的身体寄托在被男人脱下的塔佳娜的衣服上，身体在这里严格等同于它的包裹物。但难道她不是一直以来就是缺席的吗，从高中开始，那时"劳儿的心就已经有些不在——她说：那儿。她给人的印象是勉为其难

---

① 杜拉斯.劳儿之劫[M].王东亮,译.上海：上海译文出版社，2014.
② 杜拉斯.劳儿之劫[M].王东亮,译.上海：上海译文出版社，2014.

地要做出某种样子却又随时会忘记该怎样去做"[1]。她并非听不到人们说话,她并非无法说话,她并非无法做出某种样子,但是她的人不在那里,因为所有的意义对她而言等于空无,导致她不在她说的话当中。

但是位于"中心和缺席之间",不是劳儿作为精神病结构主体的特色,而是女性存在的位置:一边是作为幻想和欲望的中心,等待着对爱她的男人提出不可能的要求,为他暴露的缺失而爱他,或者是窥伺着他的享乐比自己更多的部分,在他不注意的角落复仇和索要自己作为中心所承受的代价;另一边是恍惚和缺席、灵魂的不在场,让自己流失在话语的旋涡中,滑入意义的空洞。这样的两个位置正好对应拉康性化公式中女性的两个所在——作为欲望成因的对象a与代表大他者的缺失的能指[S(A̸)]。

我们可以在王菲的一些音乐中,找到对这样一种存在位置的注解。比如在歌曲《闷》的MV中,我们看到她表现出一种漫不经心或者说迷离的状态。她的动作很放松,近乎随意地摆动着手臂,看着有气无力又好似无精打采,在这个"精力"的否定中,我们得以定位她的人的缺席。这个动作与她的歌声匹配,她唱的每一句并不声嘶力竭,反而在唱腔和每一句歌词之间都有一种距离:我不需要特别努力地把它唱好去展示我的技术,相反,演唱和演唱内容之间一定的脱节才能更好地展现作品本身的风格。这并不是饱

---

[1] 杜拉斯.劳儿之劫[M].王东亮,译.上海:上海译文出版社,2014.

满地证明自己的技术或者证明自己独特的音色唱腔的方式,这里没有潜在的对作为大他者的听众的取悦,也没有强烈的如同呼唤一样的抒情,它毫不妥协,既不表示自己的挫折和悲伤,也不分享自己对过去或未来的思念。所以听她的音乐,有时会感到一种隐含在黑暗中的孤独,那些与情感相连的主体存在的部分被暂时褪去,如同它的歌词一样,被摆在首位的是一个问题:"谁说爱上一个不回家的人/唯一结局就是无止境地等?"当然,答案是她不愿等在家中,"我不要安稳/我不要牺牲"。家虽然能提供安稳,但同时意味对自由的囚禁,对女性特质的牺牲,所以我宁愿随性而去,不待在你想象中为我安置的所在。由此,这首歌曲MV的动作、唱法和歌词共同指向主体的我的缺席,我在那些听起来有道理的规则中缺席,在所谓痴痴地等着爱人或者要爱一个人的灵魂的这些规则中缺席,因为这些规则会让我"爱到满身伤痕",而我倒"真想有那么的单纯"。但是与这种缺席对照的是,王菲始终处于MV画面的中心,或者说是目光的中心。在整个MV中,除了片头象征囚牢的墙壁和铁丝网,几乎没有展示王菲本人以外的任何景物,我们的目光始终聚焦在她的动作上,看着她把玩哪怕是任何微不足道的东西。与缺席同时发生的不是逃避,而是更加处在舞台中央,承担着目光对象的角色,她在这里甚至不需要任何其他的风景或人的点缀,因为她自己就是最好的展示。在这个意义上,我们说她位于中央和缺席之间。

这样一种缺席也常见诸日常生活的经验,并不是多么遥不可及的东西。当代著名分析家玛丽-埃莱娜·布鲁斯（Marie-Hélène Brousse）从她的来访者中抽取了一些只言片语，它们可以让我们更清楚地看到这种缺席的轮廓。一个女孩说道："我非常年轻的时候发生过一些对所有人都隐藏的事情。当时我在跟父母度假，在一个陌生的国家遇到了一个未知的男孩。我们靠着墙做。我每天晚上都去找他，所有人都不知道，早上五点爬窗子回来。我感到一种家庭之外、链接之外、时间之外的满足。"[1]这个女孩的关键词是"隐藏"，其他女性可以有不同的关键词，比如"不服从""匿名""消失""沉默"等，共同之处在于一种无法言说的享乐——与阉割无关，在幻想之外，是一种对虚空的爱欲。像拉康所说的那样："这种享乐让她从自身处缺席，作为主体缺席。"[2]其实在中国文化下，我们或许可以将这种缺席与古代隐士相联系，尤其是那些隐于朝中或者市井的经验。因为在一个无法从他者处隐藏的地方，唯一隐藏的办法就是"从自身处缺席"。

这种常见的缺席的经验和劳儿的经验的区别在于，女孩可以迅速从这种经验中返回：这种经验对她们的日常生活没有任何影响，她们同样拥有其他女孩所拥有的欲望和幻想，有着自己学业或者事业。这种缺席的经验只是太过"正常"的生活的点缀，像是裙摆镶嵌的金边；而对劳儿来说，她已经太早地就永远不在她所在的那个地方了，从青春期以来就是这样。这种缺席的经验在

---

[1] Brousse M H. Mode de jouir au féminin [M]. Paris: Navarin, 2020: 70.
[2] Lacan J. Le Séminaire Livre XX: Encore [M]. Paris: Seuil, 1975: 36.

精神病主体身上，有时可以发展到更加夸张的程度。我曾经在医院遇到过一个26岁的男性，他受过良好的教育，可以用优雅的法语清楚地讲述他印象深刻的经历发生的地点和时刻，以及那时发生的事情、他乘坐的列车、他去旅行的目的、他当时看到的画面，但是他却无法回答一个基本却又至关重要的问题：发生了什么导致他住进精神病院？而他已经在这儿住了6个月了。他对此一无所知，只能模糊地说出一些和母亲的关系，比如他之前跟母亲一起住过院。我们说，他完全不在他讲述的东西中，所有精确的话语背后，看不到任何他的人的影子——他彻彻底底地缺席在他发出的声音背后。

另一个女人和男"工具人"

拉康在他对杜拉斯的致敬中说到,舞会的场景向我们揭示了关于爱的东西:"爱就是这样一副形象——他者覆盖在你身上的自身的形象,它把你穿戴起来,那么在这副形象被偷走的时候你还剩下些什么呢?"[①]爱在根本上具有自恋的特征,一个人爱另一个人,他将自身的理想形象——也就是他在镜子中看到的自己的形象——倾注在另一个人的身上,这有时会导致一种误认的经验,就是对方会觉得你爱的那个人不是我,你被我的某个形象所吸引,比如我弹琴时专注的样子,或者我在生活中的某种姿态和某种打扮时的某个神情,接着你诞生了对我的种种想象,又被这种想象深深吸引,但是这种想象从来都跟我之所是之间有一段距离。所以有时候,被一个男人疯狂爱着的女人会害怕他的这种热情,因为这种热情可以无视我的心理现实,完全不考虑我当下的感受,所以我选择躲避这种目光;反过来,在被一个女人疯狂爱着的男人那里,更多伴随的是失望的经验,在他发觉对方爱的并不是被他视为他

---

① Lacan J. Hommage fait à Marguerite Duras, du ravissement de Lol V. Stein [M]//Autres écrits. Paris: Seuil, 2001: 193.

存在的魅力的时候——对方所爱的不过是他存在的"披风",而这个"披风"从来不是他真正引以为傲的东西,因为它本来就是对方的形象,而他不过是对方借来上演自己爱恨别离戏码的舞台。

但是如果说爱总具有某种欺骗性的话——因为这种我赋予对方的形象和对方的存在之间总是存在距离——这并不意味着我们就要摒弃这种欺骗,去寻找某种真正的爱、"利他"的爱,至少这是拉康的立场。以获取"利他"的爱作为分析工作的目标的观念,从来都是他嘲笑的对象。他并不认为在病人、来访者或者所谓"症状性"的爱和"正常人"的爱之间,有什么本质的区别。在爱之中,总包含着某种误认,过于追求真实反而会掉入自己设置的陷阱,正如他的一本《讨论班》的标题"不会上当的人受了骗"(Les non-dupes errent)。我们也可以说,接受某种上当才是那个让"真相的时刻"(l'heure de vérité)到来的条件。

有趣的是,爱总具有相互性(reciproque),所以上述例子中激烈地爱着对方的男人或者是令对方感到失望的女人,都不是在爱——如果他们爱的对象不爱他们的话。相互性意味着我爱对方的同时,对方也对我有好感,重点是我正是因为抓取了这个信号才爱上了他。所有爱的感受都与这种相互性紧密相连,它是一种同时发生在彼此之间的感受,就像我和镜子一样,在一个四目相对的时刻,被称为爱情的感受诞生了。其实所有的情感都具有这种想象关系的特征——除了焦虑,所以它是唯一不会欺骗我们的情感。这也是雅克·霍德的感受,我们后面会谈到他。

但是在我们为对方覆盖的理想形象之下，还有一些其他的东西。这些东西难以言说，令我们着迷，是引领我们在对方身上倾注激情的原因。这些谜一般的东西，"在对方身上又多于对方"（en toi plus que toi）[1]，因为我们感觉它似乎就是对方身上的某物，但又说什么都无法把握住它的存在，这就是拉康称作对象a的东西。它是理想形象下的支撑物，是不该被看到的东西，而理想形象正是包裹着它的外衣，如同祭祀时穿的披风（chasuble）[2]一样。我们在这里能够看到劳儿和日常生活经验中的女人的共同点和区别。

处于爱情中的女人，当对方的爱突然消失的时候，有时候会有一种被剥光了衣服的感觉，对自身感觉到羞耻。这种羞耻不一定要求发生在具体某个人的目光下，因为生活中从来都充斥着无所不在的眼睛，或者说是大他者的目光。我们在此看到了理想形象可以发挥的作用：我一开始可能有点拒绝这副形象，但是当爱情发生的时候，我却发觉，它已经被我不自觉地穿在了身上。我认可了甚至喜欢上了我爱的人眼里的我的形象，这副形象成为我穿着的华丽外衣，令我感到舒适和安稳，因而让我更加爱自己和这个世界。是他的目光支撑着我的这副形象，他的眼睛就是我身上的衣服，所以当他的目光被抽走的时候，就像麦克·理查逊突然为另一个女人着迷的时候，我感觉自己仿佛赤身裸体一般，只

---

[1] Lacan J. Le Séminaire Livre XI: Les quatre concerts fondamentaux de la psychanalyse [M]. Paris: Seuil, 1973: 241.

[2] Lacan J. Discours à l'Ecole freudienne de Paris [M]//Autres écrits. Paris: Seuil, 2001: 262.

剩下我的对象a。脱去外衣之后，它只是符号界运作的剩余，我感觉自己的身体就像是被抛弃的废料。

这里，男性和女性运作的逻辑是不同的。在对方的爱突然消失的时候，男性体会到的通常不是羞耻，而是被阉割的感觉——身上的某个部分失去了，有一些东西突然被拿走了，尤其当这个女人是为了另一个男人离我而去的时候。而女性因为处于目光的中心，所以通常对这副形象更加敏感，和对方眼中的自己的形象更容易发展出深刻的关联。

面对这种爱的丧失，每一个人的处理方式都不一样。比如，我可以很快寻找到另一个男人目光中的自己来获得治愈，或者我把自己关在黑暗的房间里，让自己从大他者的世界中流放，借机一点点获取心灵的愈合。但是对劳儿来说则有所不同，作为一个"没有身体的女人"，"麦克的目光是曾经使得她的身体得以撑住的东西，是使她的身体变得可见、有灵魂寓居于其中的东西。"[1]如同恐怖故事中漂浮的幽灵一般，她的衣服之下没有肉体，也就是说，她甚至没有这个被抛弃的剩余。她的存在本身被带走了，被麦克放到了另一个女人身上，她只剩下没有灵魂的"虚空"（vacuité）[2]，因为她的灵魂原本仅是附着在她的衣服之上的。

所以10年之后，她被雅克·霍德吸引，不是因为别的，而是

---

[1] Leguil C. L'énigme de Lol, Lacan sur les pas de Duras [M]//Duras avec Lacan. Paris: Editions Michèle, 2020: 260.

[2] Lacan J. Hommage fait à Marguerite Duras, du ravissement de Lol V. Stein [M]//Autres écrits. Paris: Seuil, 2001: 193.

因为他对女人欲望的目光。"在他身上,从他那里发出的,是麦克·理查逊最早的目光,舞会之前劳儿所了解的目光。"[1]于是她跟踪他,见到了童年伙伴塔佳娜,从等待她的衣服被揭开的时刻,发展到期待自己的存在从另一个女人的口中被命名。

在她见到窗子中塔佳娜的裸体的时刻,她产生了跟她重新见面的想法。这次会面中她对雅克·霍德坦诚了她跟踪他们的事实,以及她追逐的目标:"我听到:'赤身裸体披着她的黑发,赤身裸体,赤身裸体,黑发。'最后两个词尤其带着一种均等、奇异的密度在回响……句子的密度突然增大,空气在它的周围噼啪作响,句子爆炸了,它炸裂了意义。"[2]劳儿的坦白使霍德感到震惊,他想要理解这个谜一样的女人。为了回答这个问题,他做好了"爱上她的准备"[3],接受邀请,加入她的游戏,成为拉康所谓的"稻草人"。他安排了一场和塔佳娜的约会,只是这一次,他知道劳儿在黑色的麦田里看着他们,像一个黑夜里发亮的灰黄色的斑点,让想象的画面开始出现失真和变形。这次,他被焦虑抓捕,因为他不知道在大他者的欲望中他究竟扮演了一个怎样的角色:"我还是感受到一种强烈的激动,我无法立即说出它的真正性质,它处在怀疑与惊骇、恐慌与喜悦之间,诱使我喊'当心',要求救……"[4]

---

[1] 杜拉斯. 劳儿之劫 [M]. 王东亮, 译. 上海: 上海译文出版社, 2014.
[2] 杜拉斯. 劳儿之劫 [M]. 王东亮, 译. 上海: 上海译文出版社, 2014.
[3] Lacan J. Hommage fait à Marguerite Duras, du ravissement de Lol V. Stein [M]//Autres écrits. Paris: Seuil, 2001: 194.
[4] 杜拉斯. 劳儿之劫 [M]. 王东亮, 译. 上海: 上海译文出版社, 2014.

<u>对象a</u>

在恋爱中，我们总会觉得对方身上有一些难以言说的东西，令我们着迷。这些谜一般的东西，"在对方身上又多于对方"，因为我们感觉它似乎就是对方身上的某物，但又说什么都无法把握住它的存在，这就是拉康称作对象a的东西。它是理想形象下的支撑物，是不该被看到的东西。

理想形象正是包裹着对象a的外衣，而恋人的目光正是这副理想形象的支撑物：他的眼睛就是我身上的衣服，所以当他的目光被抽走的时候，我感觉自己仿佛赤身裸体一般，只剩下我的对象a。

在对方的爱突然消失的时候，男性体会到的通常不是羞耻，而是被阉割的感觉——身上的某个部分失去了，有一些东西突然被拿走了；而女性因为处于目光的中心，所以通常对这副形象更加敏感，和对方眼中的自己的形象更容易发展出深刻的关联。

一个女人通过让一个男人充当"工具人"以便去欲望另一个女人,在这层意义上,杜拉斯的描述把我们的生活经验囊括在了其中,因为这种"三人行"的场景是癔症主体谱写的故事里最常见的一个情节:我跟某个男人在一起,我们之间可能也有力比多微妙的吸引,但真正让我感兴趣的是另一个女人,这个男人不过是我借来欲望另一个女人的工具。这个故事最经典的版本,就是弗洛伊德的杜拉个案[1]。

杜拉来见弗洛伊德时是一个18岁的少女,她表现出一些并不严重的典型的癔症症状,比如失语和没有器质性原因的咳嗽。在一次自杀企图之后,她的父亲感到了紧迫性,把她作为病人介绍给了弗洛伊德。杜拉指责,导致这场危机发生的原因是K先生向她求爱,被她扇了一耳光,然而无论是K先生本人还是杜拉的父亲都否认这一点。咨询中,弗洛伊德很快发现了一组事实:K夫人其实是杜拉父亲的情妇,而后者是一个性无能者,他们与K先生和杜拉组成了一种四元关系。K夫人跟杜拉父亲在一起的时候,杜拉时常陪伴着K先生,这样一种关系一直维系到湖边K先生被杜拉扇耳光的场景。分析伊始,杜拉就向弗洛伊德表明,父亲和K夫人之间的恋情夺走了父亲对她的爱,她说她一直知道这段关系的存在,现在它发展到了她觉得不可忍受的时刻。拉康认为,弗洛伊德在这里走出了他的辩证经验的第一步——他向杜拉提出了如下问题:"您

---

[1] 参见弗洛伊德《一个癔症案例分析的片段》(*Fragment of an Analysis of a Case of Hysteria*, 1905年),中文有不同的翻译版本。

现在所反抗的像失序一样的东西，难道不是您过去一直参与其中的吗？"[1]事实上，杜拉不只是参与到这段关系中，她甚至经常主动促成父亲和K夫人的幽会，比如帮K夫人照顾她的孩子。另一方面，随着分析的进展，弗洛伊德看到她和K夫人之间有一种不同寻常的亲密。但是弗洛伊德在和她工作的时候，还没有对她和K夫人之间的关系的性质有一个清晰的认识，以至于虽然他成功地帮助杜拉解除了咳嗽的症状，但因为他向杜拉坚持强调她和K先生之间的爱情关系，最终导致了杜拉的离开。

那么，K夫人对于杜拉而言究竟扮演了一个什么样的角色呢？我们这里直接给出拉康的答案："整个情形的建立，就仿佛杜拉提出了如下问题：'我的父亲究竟爱K夫人什么？'K夫人表现为父亲超越于杜拉所爱的东西。杜拉所追求的是父亲在一个他人那里所爱的东西，因为她不知道那究竟是什么。"[2]K夫人对于杜拉而言，是女性特质的奥秘的化身，她代表了"女人是什么"这个问题的答案，而这个问题恰好处于她症状的中心。"正是因为杜拉询问女人是什么，她得以像她所做的那样表达自己，也就是以症状的形式。"[3]为此，她找到K先生，希望建立一种稳固的三角关系，以求在面对K夫人的过程中找到一个位置。K先生被她认为和她一样倾慕K夫人，虽然她知道他可能更爱她而不是他的妻子，但

---

[1] Lacan J. Le Séminaire Livre Ⅳ: La relation d'objet [M]. Paris: Seuil, 1994: 137.
[2] Lacan J. Le Séminaire Livre Ⅳ: La relation d'objet [M]. Paris: Seuil, 1994: 144.
[3] Lacan J. Le Séminaire Livre Ⅳ: La relation d'objet [M]. Paris: Seuil, 1994: 146.

这完全是她可以接受的，因为这意味着她父亲在爱K夫人的时候也爱她，因而这种情形不构成一种交易——也就是父亲将杜拉作为跟K夫人在一起而向K先生递交的筹码。悲剧的一刻不在于K先生对她有些小动作——这些经常是癔症主体难以忍受的，而是他向她告白：我的妻子这边什么都没有（Ich habe nichts an meiner Frau）。这句话彻底将K夫人排除在了游戏之外，杜拉苦心经营的平衡瞬间被打破，K先生于是不可避免地挨了一巴掌。因为他的话使得杜拉感到自己被父亲出卖了，她只是用来交换他和K夫人之间的恋情的东西，为此她开始疯狂地追索父亲的爱。

拉康在整个教学生涯中多次从不同角度重拾杜拉个案，我们这里的只言片语甚至不能概括他一次教学的内容，同样也不能替代对弗洛伊德原著的阅读。我们提出它，一方面是出于它和我们的日常经验的关联，另一方面是看到它和劳儿的相似之处。

我们说过，精神分析始于对癔症女人的倾听，但今天的这个时代，癔症作为一种具体的精神结构不再像弗洛伊德所处的时代那样普遍，我们通常很难在临床中遇到可以被明确诊断为癔症结构的个案。但是另一方面，癔症的诸般特征既是我们在临床中随处可及见，也是经验中时常能窥见的。比如，癔症欲望的是欲望的不满足，她不想要她的欲望走向终点，而是想要让它一直保持悬置的状态，以使她自己依然是游戏的关键所在，可以继续向他者施加她欲望的命令。因而，比如屠夫的妻子可以一而再、再而三地向她丈夫说她想吃三文鱼，却从来不给予任何他满足她愿望的机会[1]。我们说，癔症在女人中的普遍存在有其必然性，因为归根结底，癔症的特征是"不将自己当作一个女人"[2]。在这里，我们遇到了癔症主体经常出现的一种有关身体的怪异感，也就是说，因为自恋发展过程的一个缺陷，她们往往难以在自己的身体形象中辨认出自己，将身体中的那些器官视为自己的一部分，把自己辨认为一个女人的形象。我曾经遇到过一个处于青春期的女孩，她用夸张的绘画表达身体给她带来的各种怪异感——乳房、大腿、臀部，这些肢体在她的画笔下演化成了光怪陆离的旋涡，威胁着她的存在，而她无法将它们化约为身体的一部分。如果说这样一种情况在青春期的女性身上并不罕见的话——因为青春期本就是身体发育的时期，它的持续存在则会致使癔症主体习惯于求助另一个女人，"化身为她"。于是，我们看到了一幕幕像杜拉一样的"三人行"的戏剧上演。

当然，有些人可能会认为这种戏剧并不构成病理性的问题，这很大程度上其实是因为我们没有充分展开讨论癔症的结构。作为分析家，我们当然会站在主体选择的自由这一边，也从不会将完美的爱情或者幸福的生活作为精神分析的应许之物。但是这里，我们可以提及一个很有趣的内容——它是拉康教学晚期提出的观点，可以帮助我们从另一个角度看待癔症和女人的差别。拉康说道："女

---

[1] 参见《治疗的逻辑》中拉康对这一个案的分析。
Lacan J. La direction de la cure et les principes de son pouvoir [M]//Écrits. Paris: Seuil, 1966.

[2] Lacan J. Le Séminaire Livre XXIII, Le sinthome [M]. Paris: Seuil, 2005: 132.

人，她是另一个身体的症状，如果不是这种情况的话，她依然是癔症性的症状，也就是说只对另一个症状感兴趣。"[1]简而言之，女人作为某一个男人的症状，一方面，她可以通过绝对的命令阉割他，把他从"神坛"上拉下来——像美狄亚那样；另一方面，她又通过"资产阶级"情调把他提升上去，带他过上一种有品质的生活。上上下下的过程中，男人遭受着"折磨"，但是悖论是他在生活中又少不了这个女人，他对她欲望的背后是对她像对母亲一样的爱。如果她给予了他某种"痛苦"，那么这种混合着享乐的"痛苦"也就是这种"痛快"，反而维持了他的存在，要不然，他只能把自己当作使自己痛苦的对象。癔症主体的症状呢？她的症状是次级的，典型形式是她认同了某个别人的症状，比如杜拉认同了父亲咳嗽的症状——它是父亲身上的一个特征——而拒绝成为另一个身体的症状。她通过委托来爱[2]，盯着另一个女人被欲望的奥秘，拒绝把自己摆上被供奉又被诽谤（diffamer）的位置，通过自己的不满足，延宕大他者欲望前进的脚步，但是这从不意味着她就此可以心安理得、高枕无忧地躲在另一个女人身后，因为她也有她索求的爱——大他者对自己的而不是对另一个女人的爱。为此，她习惯于借助认同别人的症状，通过把他的症状变成自己身体的症状来呼唤获得这份爱，就像杜拉对她父亲所做的那样。[3]

---

[1] Lacan J. Joyce le symptôme [M]//Autre écrits. Paris: Seuil, 2001: 569.

[2] Lacan J. Le Séminaire Livre IV: La relation d'objet [M]. Paris: Seuil, 1994: 138.

[3] 请读者注意，我们这里对癔症的刻画进行了很大程度的简化，因为癔症的诸多特征无法在有限的篇幅中得到充分展现和说明。

最后，我们来看杜拉和劳儿之间的关系。劳儿幻想借助塔佳娜的身体来为自己获得一个身体，为此她借用雅克·霍德作为实现自己目的的工具；杜拉幻想K夫人身上潜藏着女性特质的奥秘，因为K夫人是她爸爸钟情的对象。为此她"假意"和K先生交好，微妙地维持着某种平衡。这里精神病主体和癔症主体的区别是，劳儿明确知道自己要的东西，她的幻想真实地上演在生活中，她潜伏在黑麦田中窥视他们爱情的游戏，而杜拉对K夫人的兴趣依旧等待着分析家的解释，这是她只以无意识的形式知道的东西。但是这里我们看到的共同之处是男"工具人"：被扇巴掌的K先生与被劳儿的目光激发出焦虑的雅克·霍德。K先生的所作所为自然是无法被原谅的——他选择向另一个女人诋毁自己的妻子，高估了自己的魅力而没有发现其实妻子才是对方感兴趣的对象。那么雅克·霍德呢，他又做了什么？

他做了很多事情。比如，他在劳儿的窥视下向塔佳娜宣告他的爱，而劳儿的欲望才是他这么做的背后动因，塔佳娜于是成了被他奉献给劳儿的祭品。所以拉康说，这里的谎言是一种"道德的懦弱"[1]，是一种屈从于他者欲望的表现。但是他做的最主要的事情是如同他的名字Jacques Hold一样，他试图hold（托住）劳儿。米勒说："他太过接近她了，而她不过是想独自待在自己的劫夺/

---

[1] Naveau P. La folie de Lol [M]//Duras avec Lacan. Paris: Editions Michèle, 2020: 218.

迷醉（ravissement）中。"[1]他想要理解劳儿，但是理解并不适合劳儿，因为让她产生"存在的意识"，只会加剧劳儿看到自己存在的虚空，就像小说最后，霍德陪劳儿回到T滨城后我们看到的情景。他和劳儿待在一个宾馆中，他脱下了她的衣服，抚摸她，劳儿这时处在了欲望的对象的位置上，但我们记得她是没有身体的，她的身体是期待从塔佳娜处获得的。于是此刻，她感到了一种负罪感引发的谵妄："她和我引发了这一危机。'警察在下面。'我没有反驳她……然后，在喊叫之中，她辱骂起来，她同时恳求、乞求再要她或饶了她。"[2]劳儿不再知道自己是谁，她变成了塔佳娜和劳儿，像杜拉斯在私下对拉康坦白的那样[3]，她疯了。

我们说，女人从来不能以同一种方式被对待，即便是对Hold也是如此。

---

[1] Miller J A. Commentaire de l'intervention d'Eric Laurent [M]//Duras avec Lacan. Paris: Editions Michèle, 2020: 41.

[2] 杜拉斯. 劳儿之劫 [M]. 王东亮，译. 上海：上海译文出版社，2014.

[3] Lacan J. Hommage fait à Marguerite Duras, du ravissement de Lol V. Stein [M]//Autres écrits. Paris: Seuil, 2001: 195.

第四章　正常的疯子

Chapter Four

在耶鲁大学的一次演讲中,拉康如是说:"精神病是一个严谨的尝试。从这个意义上来说,我想说我就是一个精神病。我之所以是一个精神病,唯一的理由就是我总是试图保持严谨。"后来,一个学生又继续问拉康,他究竟是不是一个精神病?拉康言犹未尽:"要是我更加精神病一点,我就可能是一个更出色的分析家了。"这样饱含争议的观点,与其说是拉康玩弄听众的文字游戏,不如说是对当代社会规则秩序和理论教条主义的一种彻底反叛。然而,晚年拉康的"谵妄性话语"从某种意义上来说竟也指出了一种普遍存在的后现代景象:当主流秩序被解构,人被技术所奴役,主体性被淹没在大量碎片化的、反本质的琐碎信息和日常生活当中,那些曾经以一种官僚体制的方式将精神病人关进疯人院,送上愚人船的主人,竟不知从何时起以一种黑格尔辩证法的方式,反身成为被能指奴役和异化的匿名主体。那么,拉康的"自我嘲讽"抑或"自我标榜"是不是在指示着我们,神经症的时代已然结束,人性的归途终将迎来一个全新的精神病时代。

三界的拓扑

从前面三章我们可以看到，拉康对想象界、符号界和实在界的拓扑关系的构建，贯穿了其全部的学术生涯。20世纪50年代，拉康主要关注想象界和符号界之间的对抗关系，也就是说，符号法则是如何借由阉割写入主体，从而让其摆脱与母亲的想象二元联结的。符号界作为人性功能运作的主要处所，占据着拉康思想的核心位置。因此，拉康考察的核心问题就在于符号界中的能指之间是如何交互的，以及现实是如何根据法则被建构起来的。根据这一思想进路，能指是浇筑起主体的全部材料，因而神经症主体从根本上说，是一种被语言所异化的主体，其朝向母亲的乱伦欲望因遭遇到父亲的法则而转化为一种禁忌。精神病的形成则来自作为关键能指的父之名的除权——由于没有一个行使父亲功能的人对他说"不"，去节制和阉割那些不合时宜的享乐。因而精神病的行动一旦遭遇为他人所公认的社会规则，就往往显得困难重重。

到了20世纪60年代，实在界与符号界的辩证冲突关系逐渐成为拉康关注的核心问题。虽然他依然从符号界出发来考察主体性问题，但他的兴趣点已经从话语转变为身体的享乐，以及对象a如何形成于实在界和符号界的辩证关系等问题上。虽然在这一阶段，拉康仍然是在父之名除权的框架内研究精神病的，但父之名不再被认为是一个内在的唯一能指，而被概念化为一个唯一的既有能指。主体文明的建立是以符号界对实在界的入侵作为最终代价的：符号的构建赋予了混沌的实在一种人造的意义。在这一过程中，虽然实在被洗劫一空，却总有某种异质性的东西在绝对抵制着象征化，拒绝被符号所规训。因此，它们掉落在了符号界之外，成为被遗弃的残渣。然而，它们也在主体的符号秩序中制造了一个孔洞，打开了一个欲望的缺口。对象a便是这样一个在主体之外诱使主体不断趋近却又始终无法抵达的神秘黑洞。而在精神病中，对象a自始至终都没有与主体发生分离，然而也没有被整合进主体，只是作为一种异质的成分，在实在中显现。用拉康的话来说，对象a就像一块口香糖，黏着在主体的脚后跟上。因而精神病只能以一种自恋和自闭的方式，在自己身上寻找欲望和享乐。在临床中，我们看到那些精神病人的欲望总是不在分析家或者周遭亲近的人身上，相反，他们要么以一种原始自恋的方式顾影自怜，要么他们的欲望在遥远的大他者身上，例如虚无缥缈的上帝。

到了20世纪70年代，拉康的精神分析理论提升到了一个新的高度，形成一种围绕三界拓扑学建构起来的理论模型。拉康从对实在界、符号界及想象界三者间的辩证拓扑关系的强调，转变为研究三者的混合与联结。符号界和实在界不再被认为是一种相互对立的拮抗关系，而是彼此混合、联结的。拉康也不再将组织主体性的功能归功于符号界，转而认为主体性是三界之间互动联结的结果。这些观点都表明，晚年的拉康废黜了符号界在其理论中的核心位置。跟随这一观点，父之名也进一步从组织心理现实的唯一关键能指，转变为仅仅是诸多联结三界的可能性模式的其中一个，它是神经症用以联结三界的症状之结。

为了将实在界、符号界和想象界的三元联结概念化，拉康在第20个《讨论班》中首次尝试使用扭结理论描述它们。在第23个《讨论班》中，他进一步对扭结理论进行了详细的数学化架构，并在此基础之上对三界进行了一种非等级制的联结，让我们得以对主体性问题重新反思。随着拉康对实在界、符号界和想象界的三角联结的重新界定，他不再认为想象界、符号界和实在界是三个分离的实体，也不再认为它们之间两两相对，而是聚焦于它们之间的系统性联结，每一界域对其他两界都有重要影响。

符号界的特质是逻辑性，其主要影响在于通过语言让我们建立对世界的信念，为世界赋予某种意义和价值，让不可预测的东西变得可预测。

实在界的特质是外存性（ex-sistence），其影响在于限制意义的概念化过程，从而在一定程度上维系事物的原始样貌和本真状态。

想象界的特征是坚实性（consistency），借由想象抹平符号和实在之间的裂缝，我们就可以获得一个关于世界的稳定表征。

下面，我们举一个不准确的例子来描述三界之间是如何拓扑运作的：某位宗教人士本身酷爱吃荤，但却由于自身的信仰只能吃素。最后，他按捺不住对肉的向往，选择以素肉为食。在这里，宗教信仰是符号界的运作，他出于对某种宗教意义的追寻而放弃了肉食。但很不幸的是，对肉的痴迷在该人士身上是实在的，是一种更加原始的冲动。于是，为了维系食肉冲动和禁吃肉食的平衡，素肉成为一种替代性选择。素菜中的肉味口感，让他在想象的层面仿佛吃到了荤食。

从表面看，拉康的三界拓扑学和弗洛伊德的第二心理地形学似乎有着内在的一致性：实在界对应本我，符号界对应超我，想象界对应自我。但实际上，二者有着逻辑上的根本差异性。弗洛伊德的心理地形学是一种历时性的金字塔结构，有着逻辑上的先后性。即本我—自我—超我。因而，本我总是经由自我的调停而与超我达成和解。拉康的三界拓扑学则是一种共时性的拓扑结构，它们在逻辑上是共在的。即便某些时刻某一界会以一种更加主导的方式显现出来，而另外两界则会消隐成一种背景和光晕，但三界仍然共同作用于主体性的运作，并且随时具有拓扑翻转的可能性。仍以上面的情境为例。吃完素肉后，该人士或许更加确证了肉的美味，逐渐不满足于素肉制造出的想象性满足，最终破戒，抛弃自己的信仰，拥抱实在；又或许，他在肉味中因信仰的驱使而愈发萌生罪责感，最终彻底回归一个纯然的素食主义者。对拉康来说，主体的欲望并不总是能够最终协调统一在自我上面，恰恰相反，欲望总是有一种意向性,无意识将推动着主体不断趋向欲望的真相,最终与被普遍价值所异化的自我彻底分裂。

三界

在拉康看来，符号界、实在界、想象界，这三界不是互相分离、两两相对的，而是系统性地联结在一起，每一界都对其他两界有重要影响，是一种共时性的拓扑结构。

符号界的特质是逻辑性，其主要影响在于通过语言让我们建立对世界的信念，为世界赋予某种意义和价值，让不可预测的东西变得可预测。

实在界的特质是外存性，其影响在于限制意义的概念化过程，从而在一定程度上维系事物的原始样貌和本真状态。

想象界的特征是坚实性，借由想象抹平符号和实在之间的裂缝，我们就可以获得一个关于世界的稳定表征。

圣状的逻辑

晚期的拉康着迷于用拓扑模型来描述其理论构造,因而克莱因瓶、莫比乌斯带以及波罗米结这样的有趣图形,都成为他信手拈来的教学用具。波罗米结的图形最早被发现于波罗米欧家族(Borromeo family)的徽章上,三个圆环以某种特殊的方式联结在一起。它的构造的神奇之处在于,只要割掉其中的任一圆环,所有三个圆环都会分离开来(如图4-1)。在对三界拓扑学的论述中,拉康认为,实在界、符号界和想象界正是以一种波罗米结的形式被联结到一起,成为主体性功能运作的基本架构。

图4-1 波罗米结

波罗米结上的三个圆环之所以能够共生般地联结在一起，正是靠着某个东西在中间将它们打上了结。拉康此前所说的父之名，便是这个纽结点。父之名作为唯一关键的能指，是主体运作的核心枢纽。它将三界联结到一起，心理生活得以被组织起来，主体就能感知到一致的、稳定的现实经验。扭结令三界产生了一种秩序性的联系，让主体相信，形象（I）遵从着一定的逻辑（S），将事件和意外（R）建构起来。

拉康有时也会用"症状"来表述这个纽结点。在拉康的语境中，症状不仅仅只是主体要规避的病理成分，它还常常具有一种系统性功能。神经症主体身上，往往正是通过不同的症状形式来组织起三界的功能性运作。我们可以列举诸多生活中的例子来论证这一点。例如，对于一个强迫症主体来说，他在生活中总是呈现不断洗手和清洁等症状。然而除却这些强迫症的病理化呈现，我们如若对他的无意识进一步发问，思考强迫行为背后的心理功能，或许会发现，他正试图通过不断洗手来寻求一种主体的秩序。无序本身对于强迫症来说就构成了一种存在性焦虑，而饱受强迫症之苦的人，往往只能通过洗手这样的方式消极地对抗这种存在性焦虑。那么，假设我们对他采取一种激进的行为疗法，例如电击治疗，行为层面的强迫固然能够在一定程度上被消解，但精神层面的焦虑往往会在其他方面被无限放大。因而无论在弗洛伊德还是拉康看来，症状永远都不是一个可以被彻底根除的东西，只能在其他层面寻求转化，因为那是让主体的三界得以被扭结起来、维系必要的身体功能和社会功能的根基。

那么，如果这样的扭结点出于某些原因而被主体遗落，造成三界的彻底瓦解，又会是怎样一番情形呢？对拉康来说，这正是精神病发作的危急时刻。由于父之名被除权，精神病主体甚至无法像神经症主体一样通过强迫洗手等方式缓解焦虑，而只能被淹没在大量的实在当中。我们在那些精神病发作的时刻能够看到，三界的崩坏是怎样一副灾难性场景：主体可能完全沦为一种镜像的附庸，像爱梅一样对某个理想镜像发出过度的想象性认同，造成谋杀或自戕等伦理惨剧；又或者成为一个刻板的符号机器，像施瑞伯[1]一样通过无意义的书写去构筑妄想世界；又或者彻底迷失在实在的创伤当中，以一种精神分裂的方式无力修复破碎的身体形象……

如果说以上论述只是在以一种三界拓扑学的方式论证拉康经典的神经症／精神病临床结构的二元区分，那么拉康不过是以一种新的形式来重复既往的理论观点而已。但事实上，晚年的拉康对既往的理论进行了一种颠覆性修改，甚至动摇了其整个主体性理论得以搭建起来的根基。也正是在这个层面上，拉康摘下了"结

---

[1] 丹尼尔·施瑞伯生于1842年，是一位博学、幽默、温文有礼的首席法官。他因出现幻想而致精神崩溃，数度被送往疗养院治疗。这段患病的不幸经历，被他生动详尽地写进《一个神经症患者的回忆录》。这部以生命书写的回忆录，以及相关病历，成为弗洛伊德对这位素未谋面的患者进行分析的材料。跨越施瑞伯的妄想内容表象，弗洛伊德为妄想症的形成机制提出极具创见的论述，并启发了日后的性别认同、女性情结、生殖、生死及存在等议题的研究。

构主义四巨头"[①]的高帽,而重新拥抱了一种新的现象学。

实际上,波罗米结只是一种理论建构的美好愿景,而理论一旦被系统化、概念化,就成为另外一种被符号所异化的产物。有趣的是,拉康的精神分析理论致力于考察的是主体不可言说的无意识和不可切割的实在,因此可以说,无意识理论的建构本身就是一种悖论。事实上,在临床工作中我们常常发现,大部分患者的三界实际上并非总是以一种典型的波罗米结的形式缠绕。在很多情况下,符号界、想象界和实在界交错在一起,彼此相融,以至于无法以波罗米结的方式系统地运作。举一个简单的例子,一个行为举止保守规范的艺术家,可能在艺术创作时进入一种忘我的癫狂状态,从精神病理的症状学来看,这可能满足精神病的主要特征,但却不能因此就将其诊断为一个精神病主体。反之,某些被确诊的精神病人在日常人际交往中往往与正常个体并无二致。换句话说,实际的临床实践中并不能完全遵从神经症/精神病的区分逻辑。根据这一观点,神经症就不再能够被简单理解为一种被父之名和症状所扭结的稳定的三界结构,精神病也不再被认为是三界的拓扑结构完全解体的结果。主体的三界拓扑结构往往呈现一种不稳定的暧昧状态,这样一来,父之名就不再被看作唯一的关键能指,在父之名缺失的条件下,完全有可能制作出一个全新的第四环来

[①] 结构主义(Structuralism)是发端于19世纪的一种方法论,由瑞士语言学家索绪尔创立。拉康与福柯(Michel Foucault)、阿尔都塞(Louis Pierre Althusser)、罗兰·巴特(Roland Barthes)共同被誉为法国结构主义的四巨头。

重新创造一种稳定的心理现实。从拓扑学的角度来说，也就是在三环之间制造一种新的联结方式，让分别表征实在界、符号界和想象界的三环重新以一种类波罗米结的方式再度联结起来。

正是意识到了三界的结构功能在临床中的局限，拉康以一种语词新作的方式创造出了"圣状"这一全新概念。在他看来，这个被重新编织出来的第四环不仅是一种症状，更是一种圣状。正是借由圣状，符号界、想象界和实在界得以重新联结到一起。

"圣状"是对"症状"一词的同音改造，用以指涉那些通过处理享乐来建立心理稳定性的方式。通常来说，症状总是具有一个可以通过隐喻和换喻的方式被领会到的所指，而圣状却缺乏这样一个所指。圣状指涉的是那些令生活重新变得可以忍受的行动，并提供了一个能够重新构建主体结构的平台。另外在法语中，圣状既具有罪孽（sin）的意思，又是圣人（saint homme）的同音词。因此，拉康对圣状的诠释具有两重含义：一方面指涉个人的罪孽或弱点，另一方面又表征了个人试图联结三界的神圣行为。从这一观点出发，晚年的拉康不再强调精神病主体身上的那些缺陷，而更加注重精神病现象中更具功能性的方面，将这些缺陷理解为个体在其他层面对主体性的一种回应。举个简单的例子，精神病的妄想不单单是脱离现实功能的缺陷，它能在某种程度上成为艺术创造的根源之一。事实上，我们在艺术史上也会发现诸多的一致性：那些伟大的艺术家往往被认为患有或轻或重的精神疾患。

当然，拉康的这些观点并不意味着他试图废除先前对神经症和精神病在结构上的区分，毋宁说，他是为了建立一种新视角。在这种视角下，结构上的差异不再是理论洞察的核心，而只是一种诊断工作的重要参照。因此从某种程度上来说，圣状模型并不是对此前除权模型的彻底推翻——圣状与症状从根本上来说是一体两面的。当症状无法在主体身上运作时，主体就会用圣状代理父之名的功能，圣状如同症状般运作。因此，看似稳定的主体结构总有可能随着人性欲望的冒出而从内部被一次次解构，但那些被肢解的主体碎片也总能因循着理性、规则和伦理再度拼装起来，重新形成一个活生生的整体。无论主体性如何分离、异化，却总有一个根本性的扭结在那里。正是由于圣状的永恒在场，人才有了被称为"圣人"的可能性。

<u>症状</u>

在拉康的语境中，症状不仅仅只是主体要规避的病理成分，它还常常具有一种系统性功能。症状作为扭结点，将三界联结到一起，心理生活得以被组织起来，主体于是得以感知到一致的、稳定的现实经验。

对于一个强迫症主体来说，他在生活中总是呈现不断洗手和清洁等症状。但如果我们思考他强迫行为背后的心理功能，或许会发现，他正试图通过不断洗手来寻求一种主体的秩序。

无序本身对于强迫症来说就构成了一种存在性焦虑，而饱受强迫症之苦的人，往往只能通过洗手这样的方式消极地对抗这种存在性焦虑。

疯狂的书写

1975年11月到1976年5月，拉康以乔伊斯为主题开展了近10场讨论班，这些内容共同构成了他的第23个《讨论班》，即"圣状"。大多数内容很快就被单独发布出来，而完整的《讨论班》于2005年由阿兰·米勒编辑出版。顾名思义，在这本书中，拉康使用了扭结理论来考察圣状的概念，而整个分析逻辑都是围绕乔伊斯这位伟大的爱尔兰文学家进行的。在序言"症状乔伊斯"中，拉康提到，他在17岁时就曾与乔伊斯相遇，参加了1921年年末乔伊斯出席的瓦莱里·拉尔博（Valery Larbaud）关于《尤利西斯》（*Ulysses*）的讲座。在那时，拉康是随身携带乔伊斯的书。与乔伊斯那种"不可读的"风格相呼应，拉康的《圣状》也几乎是不可读的。然而悖论性的是，"不可读的"《圣状》却可以帮助我们解读不可读的乔伊斯。

如果我们翻阅乔伊斯的传记去考察他的生活史的话，就会发现没有任何明显的证据表明乔伊斯曾有精神疾患，也没有任何文学评论家或精神科医师敢于声称乔伊斯是一个疯子。然而，作为精神分析家的拉康却对乔伊斯有着独到的见解：乔伊斯虽然从来不曾发作，却是一个典型的精神病结构。

或许我们可以从乔伊斯的作品中隐约感受到一些精神病的气息：他的作品即便对最严肃的文学批评家来说，都是难以卒读的"天书"。这种不可读性在其早期著作如《都柏林人》（*Dubliners*）和《一个青年艺术家的画像》（*A Portrait of the Artist as a Young Man*）中并不明显，但已初显端倪；到《尤利西斯》，这种不可读性已经非常显著，至于最后问世的《芬尼根守灵夜》（*Finnegans Wake*）则变得完全不可读。文学批评家固然能够坚持声称自己可以从中发掘出丰富的"意义"，但所有这些意义从某种程度上来说，只是源自阐释者自己，与乔伊斯本人并无任何关系。正如拉康所说："猜测乔伊斯为何如此不可读是一项艰巨的任务。如果他真是如此之不可读，那是因为他在我们心中不能引起任何同情。"

那么，究竟是什么原因让乔伊斯的文字无法被人读懂呢？拉康曾经指出，人不能仅凭决心变得疯癫就真正疯癫；同理，作家也不能仅凭决心不让人读懂就写出不可读的文字。在这里，我们有必要先区分两种不可读的文字：一种是真正的不可读，另一种是虚假的不可读。当我们说拉康的文字不可读的时候，这只是在用一种修辞手法来表明拉康文本的晦涩和艰深。在某种程度上，拉康的晦涩是一种虚假的不可读，是狡黠的拉康故意为之的效果，是一种真正的精神分析效果。因为结构性的阐述会遮蔽事物的本质，只有在曲折的能指游戏中才能抵达无意识的真相。因此在拉康看来，"真理只能半说"。

乔伊斯的文字则恰好相反，毋宁说是根本不可读的。当然，乔伊斯也在书中有意无意地使用了大量的典故、双关、语言游戏和文字变形，似乎在用自己的博学和机智戏弄读者，但那并非不可读的真正缘由。在拉康看来，乔伊斯的作品之所以不可读，是因为在他的精神世界中发生了一种结构性的根本失败，也就是父之名遭到了除权。

在父之名被除权以后，符号界的运转缺乏了这样一个关键能指，因而文字和话语就丧失了可被理解的公共意义。就书写来说，符号不再作为服从象征法则的能指而运作，而是作为一个实在之物，作为一种文字（letter）本身被表述。"文字"这个术语在拉康的思想中不仅只是声音表象，还是语言本身的物质基础。然而，作为实在之物的文字本身是无意义的，只有当它被赋予意指化以后，才获得可被理解的语言价值。在乔伊斯的作品中，我们无疑只能看到丧失了语言功能的文字本身：

> 透过这一形象，他瞥见了一个诡谲的黝黑的臆想的洞穴，但他立刻甩掉了这一思想，他觉得进入这一洞穴的时机还没到来。他朋友的不安像夜幕一样在他周围的空气中散发一种持久不散的、致命的氤氲，他发现自己在浏览左右一个个偶然映入眼帘的字，心中在木然地纳闷这些字如此静悄悄地丧失掉它们字面的含义，以至每

246 镜子、父亲、女人与疯子

> 一块粗俗的商店招牌上的字像字符一般将他的心灵捆绑起来,他的灵魂猛然一缩,他沿着街巷在一大堆死亡的语言的环境中走下去时,不禁因年龄的增长而唏嘘不已。他脑袋里正渐渐丧失对语言的意识,仅仅零零碎碎感知按任意的节律组成或拆装的字本身而已。①

乔伊斯的父之名之所以被除权,与他的父亲约翰·乔伊斯的为人密切相关。乔伊斯出生的时候,家族事业正蒸蒸日上,约翰刚刚在爱尔兰的科克置办了一处房产,而且在都柏林的税务局谋得了一份工作。这份工作不仅待遇优厚,而且地位尊崇。从此,乔伊斯一家进入了都柏林的上流社会,乔伊斯也得以进入爱尔兰最好的天主教寄宿学校克朗戈伍斯(Clongowes)就读。然而好景不长,由于约翰酗酒无度,家里债台高筑,1891年,9岁的乔伊斯不得不从克朗戈伍斯退学。1893年,因为酗酒和其他丑行,约翰甚至丢掉了市政府税收员的工作,濒于破产,被迫举家搬迁到贫穷的都柏林北部。值得我们注意的是,从贵族学校克朗戈伍斯转学到一个破败的学校,从南部上流社区搬家到贫穷的城市北部,这两次事件对年幼的乔伊斯的心灵产生了巨大的冲击,因为它们分别发生在乔伊斯9岁和11岁时,而这正是儿童人格发展的关键时期。在这个非常时期,约翰不仅没有成为乔伊斯崇拜的偶像,反

---

① 乔伊斯.青年艺术家画像[M].朱世达,译.上海:上海译文出版社,2013. 下同。

而沦为一个让他羞愧的小丑。

在乔伊斯的早期著作中,这些情感基本上都是否定性的。事实上,约翰·乔伊斯的确是一个极不称职的父亲——自私自利、不负责任、酗酒无度、自吹自擂。乔伊斯羞于承认有这样一个父亲:任何一个同学或老师,只要一提到他的父亲,就能马上完全破坏掉他宁静的心情。

而当主人公斯蒂芬在皇后学院的解剖室无意间看见镌刻在课桌上的父亲名字的缩写时,他不禁用双手捂住了他发红的脸。在穿过那个方形广场向学校门口走去的时候,那个词和那番景象却在他眼前跳跃。现在竟然在外在世界中发现了他一直以为只存在于他自己思想中的一种粗野的、个人的毛病的痕迹,他感到非常吃惊。他那些丑陋的幻想又蜂拥而至地涌进他的心头。它们也是急骤而疯狂地从一些空洞的词语中忽然挤到他的眼前的。

然而,父亲的形象在乔伊斯的生活中并非完全地缺席,起码在童年生活中有过短暂的高光时刻。因而在书写中,乔伊斯也总是试图重振父亲的雄风,虽然事实往往表明他总是无功而返:

> 当他的心灵在追索它那不可捉摸的幽灵,并在这种追索中犹豫不决而退却时,他每每听到父亲和老师的声音,激励他不遗余力去成为一位绅士、不遗余力去成为一名虔诚的天主教徒。现在,这些空空洞洞的声音重又在耳边响起。当体操馆开放时,他听见一个声音,敦请

他忠于祖国,为振兴她那颓败的语言与传统而献身。在尘世,正如他预见到的,在耳边每每回响一个世俗的声音,召唤他去吃苦流汗,重振父亲业已凋敝的地位。

正是这样朝向父亲的矛盾情感,让我们看到了父之名在乔伊斯那里的特殊位置:他为父亲这个能指留下了一个意指化的空间,为父亲形象的在场保留了一席之地,但毫无疑问,他现实生活中的父亲无法占据这个位置,因而能指成为一间已修缮完成的废弃房屋,一种被写进律法的虚构:

> 一个人之成为父亲,如果说是有意识地从事生育的话,那是人类所不知道的现象。世代相传的神权,从独一无二的生身之父到独一无二的子嗣,这根本就是一种玄妙的事态。教会的基础就是建立在这一个神秘事态上,而不是建立在狡猾的意大利人设计出来蒙骗欧洲群众的圣母身上。这个基础是不可移动的,因为它正像世界的基础一样,宏观世界也好,微观世界也好,完全是一个真空。它立足于虚无缥缈,立足于荒诞无稽。Amor matris(母亲之爱),主生格与宾生格,也许是生活中唯一靠得住的东西。父子关系也许是一种法律上的虚构。

> 谁是儿子应该爱他，或是他应该爱儿子的父亲呢？[①]

那么，乔伊斯是怎么处置这个被荒废的父性空间的呢？或者用拉康的术语来说，他是如何增补有缺陷的父性功能的呢？他采取的做法是成为父亲的父亲，而这也是他把症状扭转为圣状的根本路径。正如莎士比亚成为英国的文学父亲一样，乔伊斯也希望借此方式成为爱尔兰的文学父亲，让自己名扬天下、名垂后世。拉康认为，这种执着于成为自己父亲的父亲、成为自己民族的父亲的强烈欲望，正是乔伊斯为了增补父性功能的缺陷。乔伊斯的非凡之处正在于，面对这种父性功能的结构性失败，他不是发展出某种恋父情结，寻找一个父亲的替身，而是决定以书写的方式让自己成为父亲的父亲。也正是在这个层面上，乔伊斯实现了对主体性的超越。

再进一步来说，由于父之名被除权，原本应该扭结在一起的想象、象征和实在彼此分离了。而为了将其重新扭结起来，乔伊斯围绕书写形成了三种不同的圣状增补形式。

符号界的松绑意味着词语的公共意义遭到排斥，对此，乔伊斯在语音学的维度上进行了增补。也就是说，他通过语词新作的形式制作了大量新的文字符号。拉康模仿乔伊斯的词语变形手法，将他使用的语音学方法以及作为这种方法之结果的畸形文字称为

[①] 乔伊斯.尤利西斯[M].金隄,译.北京：人民文学出版社，2016.

"faunetics"①。

实在界的松绑,表现为居无定所的文学流浪。乔伊斯终其一生辗转漂泊于都柏林、巴黎、苏黎世等地,与生活世界保持着一种根本性的疏离。他无法向任何实在的对象发出认同,因而他的灵魂无法扎根于某个现实的土壤。有人或许会质疑这一点,因为从乔伊斯的书信集来看,他对自己的妻子诺拉保持了狂热的迷恋。但不要忘了,这正是他用以增补实在的方式——在书写而非生活中制造朝向对象的联结。另外,乔伊斯也对诸多文学圣地保持着一种仿佛认同:无论都柏林的市井气息还是巴黎的城市风光,都是让他得以维系创作热情的精神故乡,然而这些地方也都无法成为让乔伊斯真正安身立命的现实土壤。

想象界的松绑,表现为乔伊斯始终欠缺一个统摄身体的自我形象,《画像》中的一个细节确凿无疑地证明了这一事实。在《画像》第二章,当主人公斯蒂芬·迪达勒斯遭到殴打时,他完全感受不到疼痛,也没有激起任何的不安和愤怒,仿佛被打的根本不是自己的身体。拉康发现,乔伊斯在斯蒂芬身上试图呈现的正是一种来自外部的身体经验。他的身体如同一个封套,而缺乏主体性交叠其中。米勒将这种经验称为"身体事件",用来强调身体仅仅作为一个场景发挥功能,让与之相关的符号在上面显现自身。换句话说,身体经验无法借由身体图式被结构起来,因此只能以

---

① "法翁"(faun)是希腊神话中半人半羊的怪物,faunetics与"语音学"(phonetics)谐音。

一种离心的方式表达出来，并且无法制造出任何意义。乔伊斯作品中大量存在的"显灵"和无所不在的字谜，都在表明这种身体经验与自我的疏离性。然而，在书写过程之中布置如此繁多的谜团，留待读者去猜测和破解，这本身又证明了他为重建自我形象所付出的艰苦努力。

庸俗的爱情

在第23个《讨论班》"圣状"中,拉康曾说:"一个女人对所有男人来说都是一种圣状。"女人让男人的症状以一种爱慕的方式释放出来:如果我们把眨眼视为一种症状的话,那么当她是为其所爱的时候,这个眨眼的动作就瞬间变得可爱起来。作为一种圣状,女人能够让男人僵硬的身体变得柔软起来,以一种暂时性解离的方式遭遇实在;女人能够让男性化的语言得以在某一时刻剥离能指的躯壳,让新词被发明出来,而不是以一种强迫症的防御姿态躲避在语词之墙的后面,重复着阳具性能指之间的自欺游戏。因此,当一个男人开始创造一种真正的新思想时,总是因为他找到了与女人的联结——这个女人可以是缪斯或科学女神。从这个意义上来说,新思想往往来自女人。

如果我们试图为乔伊斯这位20世纪最伟大的文学巨匠物色一位"知音"的话,那么诺拉绝不是一个理想人选。她只受过小学教育,对文学一无所知,内省、反思这样的事情,她既无能力也无兴趣去做,甚至她从不避讳像一个男人一样"口吐芬芳"。诺拉毫不在意乔伊斯身为一个艺术家而具有的独特气质和他的文学作品被赋予的神圣意义，她甚至无数次向朋友抱怨："你想象不出我被抛进这个人的生活是个什么样子。"当然，诺拉对《尤利西斯》这样晦涩难懂的意识流小说更是毫无兴趣，以至于乔伊斯时常抱怨："她算上封面总共只读了27页。"颇有意思的一幕是，当《尤利西斯》终于排除万难在巴黎的莎士比亚书店限量发售时，乔伊斯兴致勃勃地拿着特别题词献给妻子的第1000册准备送给诺拉，而她的第一反应竟然是转卖掉这一特别版本应该可以小赚一笔。

但实际上，对乔伊斯而言，被诺拉当作常人看待虽然不乏挫败感，但却是一种真正的认可。就像他在《尤利西斯》当中玩脱了的能指游戏一样，乔伊斯认为在自己身上总是"有些魔鬼似的东西，让我在向他人证明自己是一个自私、傲慢、狡猾和漠视他人的人时，反而感到快乐"。然而，诺拉却总能体会到他的言外之意。她从不相信乔伊斯道德败坏，甚至会毫不留情地戳穿他装腔作势的姿态。并且，她不乏机智和灵感，言辞一针见血，甚至和《画像》的主人公斯蒂芬那一套相比并不逊色。

在乔伊斯的眼中，诺拉既风情万种，又恰到好处地保有一种不谙世事的纯真神态。她常常会穿上男人的裤子和靴子，系上领带，扮成男人的模样跑到广场上闲逛。即便是她时刻透露出来的情欲，也让人抓不到一丝淫秽的色彩。1904年6月16日是文学史上的一个重要时刻。那一天，乔伊斯第一次约诺拉在都柏林的梅瑞恩广场上见面。而在刚刚碰面时，诺拉就肆无忌惮地把乔伊斯的衬衣下摆扯出来，把手伸进他的裤子里捣鼓，甚至还得意洋洋地问他："亲爱的，这是什么？"

正是这位漂亮、活泼、大胆、淳朴的姑娘和具有20世纪最精密大脑之一的人组合在了一起。在乔伊斯写给诺拉的那些充满情欲的信件中，我们可以看到，身体的缺席并未让诺拉这个重要的对象消失，反而赋予了乔伊斯更多的幻想空间，让他在书写中将诺拉性化，将情欲圣状化。这对乔伊斯来说是两种圣状的有机结合，艺术和性共同在他的封闭的精神病结构中打开了一个朝向他者的维度。

在恋情发展之初，由于二人气质的天然矛盾性，乔伊斯总是在考虑与诺拉分手。他陷入了两种情绪的撕扯当中：一面享受着日渐习惯的孤僻，一面又放不下对陪伴的渴求。他甚至常常认为，诺拉可能会成为他人生道路上的累赘。但在那个时候，还有更加严重的事情困扰着他：他与整个都柏林社会的格格不入，让他时刻想要去往巴黎寻梦，开展一段全新的生活。而正是在那个时候，诺拉义无反顾地随他出走，并在随后的日子里对他忠贞不渝。乔伊斯虽然时刻都想要逃离爱情关系和社会关系，然而面对后者对其主体性的激烈碰撞，诺拉恰好给予了他足够的支撑。

为了确认这段危险的爱情关系，乔伊斯为诺拉设置了三道考验。

首先，为了得到她全部的爱，他必须确认诺拉将会接纳他的一切，甚至包括他身上最丑恶的东西。因此，一方面，诺拉不仅要成为他的情人，还必须要当他的女王，甚至是听他祷告的圣母。

另一方面,他要诺拉做他的妻子却又不给她应有的名分,对他俩之间的关系不给予法律的认可——正如他对待母亲那样,即使他对母亲有多种不孝,他也要母亲承认他是她的儿子。颇为滑稽的是,正是由于自身的"无知",诺拉完全没有领会乔伊斯那不可言喻的丑陋阴谋,因此反而轻易地通过了这个考验。毫无疑问,诺拉能意识到的仅仅是,世俗之爱对他和她而言都是不可或缺的。于是在很长一段时间内,诺拉都不得不忍受夫妻两地分居甚至差点被人驱逐出门的生活——她坚守于都柏林,而乔伊斯则辗转于巴黎、苏黎世和的里雅斯特等地。面对诺拉时不时的抱怨,乔伊斯回信的语气总是温柔顺从,仿佛是一个地地道道的小孩:"你写信的口气就像是个女王。只要我活着,我就会永远记得信中那恬静的高贵、忧伤和鄙视,还有它带给我的地地道道的羞辱。"但有时,乔伊斯又会狠狠谴责自己,要诺拉离他而去,因为他只配得到这样的结果:"如果你离开我,我将会永远怀念你。对我而言,你比天主更加神圣。我将向你的名字祈祷。"

乔伊斯对诺拉的第二道考验是,不断怀疑她的忠贞问题。虽然有限的资料表明,乔伊斯对诺拉的指责可能只是无中生有,但这并无法阻止他对诺拉的不断怀疑。甚至有段时间里,他鼓动诺拉出轨,好让自己更真切地感受到布鲁姆[①]被戴绿帽子的感受。事实上,从某种意义上来说,诺拉始终不渝的忠贞,反而进一步刺

---

① 《尤利西斯》的主人公。

激了乔伊斯在爱情关系中的受虐性享乐。因为一旦事实证明他冤枉了她,乔伊斯就会比以前更加卑微,因而也就更加幼稚和天真。

诺拉通过这道考验以后,还有最后一场考验等待着她:她必须认可乔伊斯所有突如其来的想法,即便是最怪异的,她也必须对他以诚还诚,向他吐露她内心的每一个想法,尤其是那些最令人难为情的想法。她必须让他知道她内心深处的生活,让他极其精确地了解女人的本质究竟是什么。总之,诺拉成功地通过了乔伊斯为她设置的这三道考验。乔伊斯一再要求诺拉保持母性的纯洁,她依从了他;而当他又要诺拉当着他的面扔掉这种纯洁时,她又依从了他。

乔伊斯对待诺拉的这种矛盾态度的不同寻常之处,并不在于他要求诺拉同时履行女人和母亲角色的双重职责,而恰恰在于他不愿将这两种形象混为一谈。乔伊斯试图将女人的两种角色分离、对立起来,以便成为他内心世界的两个极端。这样一来,他就能产生这种感觉:他既是母亲的不孝之子,也是诺拉的不善之夫,既能对女人(作为一个绝对的他者)施以恶意,又能赋予她们爱意。这便是乔伊斯身上的重要特质——一个淘气顽皮的儿童,一个始终停留在原初自恋阶段的精神病主体。在《尤利西斯》和《芬尼根守灵夜》中,他将女性的性欲一面分派给茉莉和布鲁姆,将女性的母性一面分派给安娜和利薇娅。而诺拉并没有这种使他不安的、一分为二的感觉,也正是因为如此,诺拉成为乔伊斯离不开的唯一女性客体。

与朝向诺拉的情感类似的是,乔伊斯的知心人是他的母亲而非父亲,因而他与母亲的关系也不自觉地被投射到他与诺拉的关系当中。在1909年写给诺拉的那些信中,有诸多证据表明,乔伊斯渴望在与她的关系中重建那种由于母亲去世而中断的孝顺关系。很明显,他似乎嫌与爱人的关系太疏远,渴望把他们之间的关系变成孩子与母亲的关系。他妄想得到一种更为亲密的依靠:"但愿我能像你自己的胎儿一样进入你的子宫,接受你的血液的滋养,安睡在你身体里那块温暖、秘密而阴暗的地方。"他似乎渴望在诺拉身上体现母子关系的各个方面。乔伊斯尤其着迷于自己作为一个弱小孩子接受一个强大女人呵护的形象,这种形象似乎与他自己作为受害者——无论是一只被猎人追逐的小鹿、一个被一群粗鲁外向的人包围的被动无奈的男子,还是处于叛徒包围之中的耶稣——的形象密切相关。他最喜欢的人物,是这样一种性格的人:他们在遭遇阳刚气盛的对手时,表现出这样或那样的退让,然而又能得到充满母爱的女人的欢心。

在乔伊斯的记忆中,早年的家庭生活是温暖而平静的,只是后来被他不负责任的父亲完全搅乱了。父亲约翰不断考验妻子,并且这些考验最终都被她接受了,甚至包括父亲酒后尝试杀死她的举动。从某种意义上来讲,父亲简直为乔伊斯树立了一个极其糟糕的榜样。而乔伊斯为了赢得母亲的爱,也学会了使用相同的武器应对女人,只不过他作为一个儿子总是无能与父亲直接竞争,因而面对阉割威胁,他只能转移到另一个与父亲完全不同的位置——

不是作为一个暴君,而是作为一个浪子——从而为自己争取获得更多母爱的可能性。毫无疑问,这样的策略比直接与父亲"拼刺刀"有效得多,因为相较父亲,他显得更加可怜也更加可爱。乔伊斯采取的方式往往是:激发母亲对他的行为的质疑,再以一种惊人的说服力来回应这种质疑,从而让母亲心甘情愿地接受自身的挫败——就如同一个性倒错者①通过玩弄丝袜内衣等恋物举动,来让母性大他者②焦虑一样。

母亲是一个虔诚的天主教教徒,因而乔伊斯也轻易地在圣母玛利亚身上找到了他心中的母亲形象。然而,他却总是用一种挑衅的方式来表达这种朝向母亲的挚爱:有一次他去找了妓女,然后又向圣母玛利亚祈祷。圣母的爱就像母亲的爱和妻子的爱一样,是一种对犯有重大罪过的人的无限的爱,然而他却必须要在这种爱和罪、救赎和忏悔的摇摆中,实践和女人的关系。因而,乔伊斯一方面痴迷于圣母玛利亚,另一方面又总是挑衅天主教教会的严酷压制。在一次明目张胆地蔑视了母亲的信仰之后,母亲去世了。乔伊斯将这一事件理解为一种惩罚,认为是自己对母亲的考验害死了母亲。而当他向诺拉吐露这种想法后,诺拉则指责他是一个不折不扣的"女人杀手"。

由于父之名的除权,书写成为乔伊斯联结精神结构中想象界、

---

① 性倒错者:对一类精神障碍人格的统称,主要表现为恋物癖、露阴狂、窥阴癖等。
② 母性大他者:拉康思想中的一个概念,以母亲作为原型的大他者。

符号界与实在界的一个圣状。但实际上,正如一切日常精神病结构的主体一样,朝向对象的神经症关系能够成为另一个稳固其精神结构的圣状。正是通过在主体生活的荒漠之丘树立一个符号的大他者——即便它常常是经由想象构建出来的,他才能在一定程度上破除其封闭的存在空间,为那些积压许久的实在找到一个象征性出口,在一种朝向他者的欲望关系中将自身更加牢固地拉回现实生活中,让他以爱的名义去命名自己的欲望,从而为他的生存提供一种符号秩序。

授课结束后的拉康走在巴黎街头。

美国心理学家杰罗姆·克莱芒曾这样形容拉康在巴黎高等师范学院的讲演盛况："你必须很早到那里，只提早一个小时几乎就找不到座位。我们这些未来的教授聆听拉康的讲座，仿佛他能为教授的世界提供一副强有力的解毒剂……演讲厅很快爆满。除精神分析家和高师人——他们起先只是好奇，但很快被征服了——以外，还有演员和作家……现在有了卡式录音机，演讲厅里布满了电线，我们很开心地用它们缠着脚。在拉康身边，他的秘书极其冷漠地站在那里看护，一名速记员在速记机上记录着拉康的演讲，就好像所有这一切设备还不够，人们还要做笔记：有人只是偶尔记录，有人决心点滴不漏，把每句话都记下来，如果偶尔有一句话没听清，还要侧身问旁边的人。"

结论的时刻

当晚年的拉康抛出那句"所有人都是精神病"的谵妄话语时,不明真相的围观群众大概都会认为拉康已经疯了。然而,在我们给他贴上"疯"或"不疯"的标签之前,或许应该思考一下,"疯狂"是如何被定义的。

莎翁笔下的著名人物波洛涅斯曾言:"要定义何为疯狂才是真正的疯狂。"这句话充分说明了"疯狂"一词并没有表面看上去那样能够被清晰定义。在《精神疾病的神话》(*The Myth of Mental Illness*,1974年)和《制造疯狂》(*The Manufacture of Madness*,1970年)这两本书中,作者托马斯·萨兹(Thomas Szasz)[①]甚至认为,精神疾病不是一种自然现象,而是一种人造的神话。

由斯坦福大学心理学家大卫·罗森汉(David Rosenhan)[②]一手策划的两个心理学实验,更是狠狠地嘲弄了一把彼时大行其道的精神病学。他找来了8个人加上自己,假扮成精神病患者前往不

[①] 托马斯·萨兹(1920—2012),纽约州立大学北部医科大学精神病学名誉教授。
[②] 大卫·罗森汉(1929—2012),斯坦福大学心理学教授。

同的精神病院就诊，结果9个人全部被医院诊断为精神病患者，并被强制要求住院接受治疗。罗森汉以《精神病房里的正常人》(*On Being Sane in Insane Places*, 1973年)为题，将实验结果发表在赫赫有名的《科学》杂志上，炸翻了整个精神病学界。许多精神科医师竭力反驳，甚至有人宣称，如果罗森汉在接下来的三个月中再派人假扮精神病人前来就诊，他们一定能分辨出。结果罗森汉一个人都没派来，而那些医师却得意洋洋地宣称找到了41个被罗森汉派遣来的假病人。

时至现代，由美国精神病学会制定的号称权威的《精神障碍诊断与统计手册》(DSM)对精神疾病的定义，更是让我们一头雾水。我们惊讶地发现，这本在20世纪50年代还只是列有60种不同精神疾病的苗条手册，不知从何时起，竟然长成了一本厚达947页，包括了多达200多种精神疾病条目的大胖子。而其于2013年修订的第五版，竟然将丧亲之痛都一并列入了抑郁症的范畴。我们不禁反思，人类文明的演进真的会成为助长精神疾病滋生的温床吗？

我们无意否认现代精神病学的科学性，只是作为衡量科学标准的"可证伪性"范式，究竟在多大程度上适用于非理性的人，需要打上一个大大的问号。人类的文明大厦诚然是由科学和理性之砖共同堆砌出来的，然而，这补给文明的智慧果其实却并非来自上帝的无条件馈赠，而是以压抑人性和本能为代价换来的。那些被压抑进无意识深处的本能欲望和人性冲动，在临床的层面以症状的形式表达出来，在社会的层面则演变成一种"文明的神经症"。结果，那些因"父之名"的除权而停留在原始社会的"山野村夫"，由于不能或不愿穿上象征现代文明的异化盔甲，就被贴上了由非理性支配的"疯子"的标签，转而被扔进回收和加工废品的符号机器当中。

正是出于这样的担忧，大卫·莱因（Ronald David Laing）[①]和大卫·库伯（David Cooper）[②]等人曾在20世纪60年代发起过一场浩浩荡荡的"反精神病学"运动，旨在质疑传统精神病学的概念，反思健全和疯狂之间的区别，批判精神病学在社会中所起的社会控制功能。蒙受感召的拉康，亦在其晚年的讨论班上动摇了推崇多年的临床结构模型，通过引入"圣状"概念和对乔伊斯个案的讨论，模糊了作为正常人之"神经症"和作为"疯子"之精神病之间的界限。

事实上，我们在日常生活中看到，那些具有明显艺术气质的人总是疯疯癫癫的，但这并不意味着我们就能够在精神病理学的层面将他们界定为"疯子"。而在一些社会新闻中，某些实施疯狂举动的人，往往在此前的生活中表现得与正常人并无二致。对艺术家和精神病人来说，无论是艺术创作或症状发作，实际上都是实在的成分在主体的结构中溢出的表现形式。区别只在于前者被节制在人类理性活动的最大范围内，因而能够升华为一种具有社会和人性价值的艺术作品，后者则彻底沦为主体性瓦解后生命

[①] 大卫·莱因（1927—1989），苏格兰精神病学家。
[②] 大卫·库伯（1931—1986），南非精神病学家。

欲力四处溃散的症状发作。

拉康对临床结构的重建工作，是由其女婿暨法定事业继承人阿兰·米勒完成的，其于1988年提出的"日常精神病"概念，彻底打破了贴在精神病主体身上的"疯子"标签。从表面上看，此概念貌似呼应了美国精神病学的"扩军"政策，将那些没有妄想或幻觉发作的正常人，统统纳入了精神病人的范畴；但实际上，正是通过这种从"异常"到"日常"的转变，精神病才得以解开困顿主体的镣铐，从监禁精神生活的收容所中走出来，正大光明地成为人性社会中的一员。而那些看上去有些疯疯癫癫的梵高式的艺术家，也才因而拥有了更多供给创作的现实空间。

从社会伦理规范的维度看，精神病的话语和书写固然是一种彻底脱离理性的狂乱，一种跳脱思维逻辑的妄言，然而，当我们摒弃传统精神病学的观点，对人类主体的存在境遇进行拷问时，不难发现，精神病主体实际上是一类游走在思维理性和社会法则边缘的特殊群体。他们生而为人却质疑人性，在沉沦世界的黑暗洞穴中看到了一束光亮，便急于挣脱理性的枷锁四处奔逃，最终难免为炽烈的阳光所灼伤。他们无视伦理，不惧规则，用最无序的状态对抗着最森严的秩序。可以说，他们既是精神病院的被监禁者，又是异化社会的越狱者。

行文至此，当我们回顾拉康的思想历程时，发现他以一种在莫比乌斯带上绕行的方式，从对主体的朴素现象学思考走向了结构主义，最后又悄无声息地以一种解构主义的方式回归到了新的现象学。正如拉康声势宏大地在法国缔造了一个精神分析王国，又亲手将它解散一样，人性主体和人类文明的进程总是需要被一个个的符号所刻写，而这些令其强大的符号盔甲，也必然逐渐成为拖动他行进的、终将被撬开的桎梏。因此，任何思想革命发展到最后，都不免成为不断将矛头指向自身的自我救赎。也正是这个出于这个缘由，拉康的精神分析革命将会是一场永远未竟，又在永远行进的人类主体的革命。

图书在版编目（CIP）数据

镜子、父亲、女人与疯子：拉康的精神分析世界 / 王润晨曦，张涛，陈劲骁著. -- 北京：北京联合出版公司，2023.2（2025.7重印）
　ISBN 978-7-5596-6544-7

　Ⅰ.①镜… Ⅱ.①王… ②张… ③陈… Ⅲ.①拉康(Lacan, Jacques 1901-1981)—精神分析—思想评论 Ⅳ.①B84-065②B565.59

中国版本图书馆CIP数据核字（2022）第253091号

镜子、父亲、女人与疯子：拉康的精神分析世界

作　　者：王润晨曦　张　涛　陈劲骁
出品人：赵红仕
责任编辑：李　伟
封面设计：王梦珂

北京联合出版公司出版
（北京市西城区德外大街83号楼9层 100088）
北京联合天畅文化传播公司发行
北京美图印务有限公司印刷　新华书店经销
字数171千字　880毫米×1230毫米　1/32　8.625印张
2023年2月第1版　2025年7月第4次印刷
ISBN 978-7-5596-6544-7
定价：68.00元

版权所有，侵权必究
未经书面许可，不得以任何方式转载、复制、翻印本书部分或全部内容。
本书若有质量问题，请与本公司图书销售中心联系调换。电话：（010）64258472